教育改革の展開

齋藤諦淳

Saito Taijun

武蔵野大学出版会

はじめに

戦後、復興期の不況からようやく回復に向かいつつあった昭和三二年（一九五七）に大学院の修士課程を了え、就職するか、研究者として大学に残るか考えた。

あいまいな気持で受けた公務員試験で、大阪府庁の面接試験の最中に試験官から国家公務員も受かっているのなら中央省庁のほうがよいとすすめられて意を決した。これが分かれ道で、その後三〇年の文部省の勤務と、二〇年近く学長などとして大学運営の仕事を歩むことになった。

あわせて現役として五〇年、職務を維持させていただいたことを感謝しつつ、これを機に職務の合間に書き留めた論文、著書から選んでまとめることとした。

古い時代を経たものも含めて編集して感じたのは、それぞれの論文や著述が時代を現わしていることであった。書いている本人にすれば、いつの時代も基本的に変わらない考え方で、ただ、自分の前に現れる事態の推移のなかで論じているにすぎないと思っていたが、実は、時代の流れの中で社会の基盤的な変動や、政治経済の局面の変化を契機にして社会が転換し、それが具体的な教育改革のあり方を促しているのである。そして、その時々の社会の変動の影響を受けて政策が展開し、また著述の論調も時代相を体現しているのである。

この結果、著書、論文を経年的に編集することが戦後の教育改革の時代的展開を現すことになった。

ここから書物の題名を『教育改革の展開』という大仰なものとし、内容に照らしおこがましい標題となったがお許し願いたい。

ところで、近年、わが国においても政策科学の研究が盛んになってきたが、日本官僚制研究会（代表・奈良大学中道實教授）が「戦後日本を築いた上級官僚のライフヒストリー」を編集、出版した。この研究の趣旨は幹部官僚の「彼らの生涯を通じての価値観や信念、思想の形成を、彼らが生きた時代の脈絡において描く、そしてそのことを通して戦後日本に行政機構が果たしてきた役割を検証評価したい」（中道實編『日本官僚制の連続と変化―ライフヒストリー編―』ナカニシヤ出版、二〇〇七年、一〇頁）というものであった。

このライフヒストリーは、昭和一八年から四八年の間に中央省庁に入った幹部官僚の中から職員録で、一五七五名を選び出し、そのうち一二三名を対象に、インタビューするという作業をおこなわれたものである。一二三名からさらに絞りなおし、最終的には四二名まで選択したのである。

折角の政策形成に関する貴重な研究の対象に選ばれたものであり、齋藤にかかる箇所は文教政策の推移の一端を論じているので、齋藤の口述の箇所の利用のお許しを得た。そして、これを本書の第Ⅰ編第一章「『齋藤諦淳ライフヒストリー』が語る教育改革の展開」とさせていただいた次第である。

第Ⅱ篇は筆者の各時期の論文をまとめたものであり、原則として時代に即しながら、また、著述の話題ごとに編集しながら章立てをした。　章立ての作業を通じて、前述のように著書、論文が時代の社会相を反映しているのであるが、たとえば第Ⅱ篇第一章の関連では国際的には東西冷戦対立、国内的には自社対決の五五年体制を背景としてイデオロギーや労働問題など厳しい対決時代のもと、文教政策の硬直的な側面の課題が強くでている。続いて第二章以下では臨時教育審議会を契機とする教育改革が始まり、国の教育に対する関与の仕方が従来の国家主導から競争的環境のもとに行政改革のために思い切った弾力化を図ることなどが時代的課題となった。他方、高等教育と社会の関係、大学の大衆化が課題となる。全体として第四章以下では学校教育中心の体系から生涯学習体系へ移行するとともに二一世紀の成熟社会のありかたを展望した教育改革が大きな課題となってくる。二一世紀の社会は、今までは想像もつかないような転換をなし、教育改革もさらに本格的に、かつ構造的な改革を求められるに違いない。これまでの教育改革の軌跡をあとづけ、未来社会への適切でかつダイナミックな教育の展開を期することがのぞまれる。若干のヒントを提示することが出来れば幸甚である。

本書に論じている多くの考え方や物事の捉え方については、文部省、放送大学学園その他各職務を通じて大胆かつ弾力的な発想をもって絶えず指導と鞭撻をいただいた宮地貫一元文部事務次官に教えられるところが大きい。啓発いただいたことに深甚の感謝の意を表したい。

また、武蔵野大学に奉職しながら、出版の取りまとめなどに時間をとられ、田中教照学院長をはじめ教職員のかたがたにご迷惑をおかけしたことをお詫びするとともに感謝したい。

すでに発表した論文等を本書の発行に当って再度利用することに寛容に御許諾をいただいた関係者

に感謝し、特に『日本官僚制の連続と変化』の齋藤の項の利用について中道實教授にお許しいただいたことに格別のお礼をいいたい。

出版は株式会社武蔵野大学出版会である。編集にあたった芦田頼子さんにお世話をおかけしたお礼を申しあげる。

平成二〇年三月

齋藤諦淳《さいとうたいじゅん》

教育改革の展開——目次

第I編

教育改革への軌跡

——私のライフヒストリー

第一章　「齋藤諦淳ライフヒストリー」が語る教育改革の展開

2007 February

［第一節］　中学高校時代

エリート

一九八〇年代まで、官僚が、頑張ってその結果日本が急成長して、ジャパン・アズ・ナンバーワンになったんだという意識が日本人自身にもあります。しかし、バブルがはじまり、それが崩壊して、これほど世の中が疲弊するとは思っていなかった。それから、もう一つ、話に入る前の議論、疑問は日本の場合に、エリートと呼ばれるほどの層が果たしてあるかどうかです。知的エリートはある程度あると思うがその知的エリートも大したことはない。僕らがエリートと言う場合、学歴もあり、その学歴を得るだけの経済的な力があり、その経済を支えるだけの伝統的な家柄があり、それがエリートだと、こう考えるのです。歴史的に続いている家柄だけがパブリックスクールに入って、そこでノーブルの意識を醸成しながらオックスブリッジに選抜されていって、それが全体の社会のエリート層を形成していく。そのエリート層の一環として官僚機構が機能している。そういうことならエリートの形成なり、幼少時の生活というのが分析の対象になるのだが、日本の役人などを見ているとつくづく思うのですが、たまたま頭がよかった者がエリートになっているにすぎないのであって、まさに私が言うようなエリート層からのものではない。

もっとも貧困な階層から人間を引き抜いてきて仕事をさせたのが日本の官僚制だと言われることがあります。そういうことからもっとも非エリート的なものかもしれない。消極的なことを申し上げて申し訳ないが、もし、関心がエリート・モデルの検討というところにあるのなら、官僚の青少年期の生活、バックグラウンドを取り上げてどういう意味を果たして持ち得るのか。若干疑問だという感じがします。

中学高校時代

私が社会科学的な考え方の影響を受けたというのは龍谷大学の学生だった兄と言えるかもしれません。出身がお寺だったものですから。大阪の南河内に羽曳野市があり、そこのお寺です。室町時代の終わりに祖をもつ古いお寺で一九代ほど続き、父が住職です。終戦当時ですからお寺といっても食べるものもない時代です。大学受験があるというのを知ったのは、新制高校二年ぐらいのことです。兄は私より五つぐらい年上で、自分はお寺を継ぐために龍谷大学へ行ったけれども、大学というものがあって、入るためには受験勉強をしなければならないことを教えてくれて、私は初めて『螢雪時代』を買いにいった記憶がある。薄い、五〇枚百頁もないぐらいの旺文社の受験雑誌です。二〇年に旧制中学校に入って、二三年に新制高等学校に切り替わってという時代です。

兄は京都の大学の雰囲気に触れて相当先鋭な考え方を持っていた。特にお寺を継ぐのが嫌で親父に反抗していた。今のアメリカや与党の政権に任せていたら、日本の国は貧乏な国でソビエトなどに負けてしまう。席捲されてしまう。むしろ席捲されるべきだ、そういう考え方を絶えず議論していたというのが印象的です。旧制中学校は富田林中学校、今は富田林高校になっています。旧制中学のときに終戦となり、大阪の市内から、本来なら北野中学とか天王寺中学とかナンバースクールに入るような生徒が富田林中学にどんどん来ている。それが昭和二二〜二四年の間にちょっと目端の利いた生徒は市内に帰るようになる。疎開もなくなって帰っていくわけです。そうすると田舎者ばっかりが残っているという感じだった。私に一番影響を与えてくれたのはこの田舎者です。いまだにその友人関係は続いてます。とにかく知的エリートを形成していない地方の若者とつきあっていたのが自分の一番の力強さだという感じがします。

文部省にも時々いましたが、特に大蔵省とか自治省などでは、たとえば付属学校や大学で一緒とか、家が近かったとか付属高校で一緒だというようなのが非常に多いわけです。そういう意味ではエリート層を形成しているのですが、私の場合には役所のなかでそういう友達は皆無だった。たとえば予算折衝にしても各省とのネゴシエイションするにしても友達関係でそういう関係を作っていくというようなことは全くなかった。そのことのゆえに自分が不利だったことはないし、悔しい思いをしたことはありません。ただ絶えず、あの人たちは役所関係以外の人間的な関係を持って一つの層を形成していると思うことはありました。私の少年期の教育についてその後の仕事との関係と言われると、そういう関係がなくって役所に入ったというのが私の思い出です。ただしそのことで不利になることは、全くなかったと思います。

入省

大阪大学の医学部とか理学部は比較的東京に人が出てきています。法学部は私が三期生ですから、全く先輩のいない社会です。その辺、文部省の特色(注1)かとも思いますが、私が役所に入ってから学歴、いわゆる有名大学を出ていないことでの不利を味わったことは全くない。その点では多分どの役所でも同じだと思うのですが、文部省では省内民主主義ということを、僕らは絶えず言っていました。なかに入ってしまえば、どこの大学の卒業生かは全く気にかけない。むしろ、私などは非常に得をしています。いわゆる有名大学、つまり東京大学等を卒業していないことで、二つ有利な点があります。一つは、役所のなかでできるだけいろんなところから引き上げる意図は人事課あたりにはあるのです。同じ能力なら少数大学から引き上げようという意図が（マイノリティがプラスの意味を持つ）ある。もう一つは、同じ能力を持っていてもたまたま学歴を見たときに東京大学を出ているなら当たり前のところが、そうでない大学にしてはよくできると評価される。そういう意味で自分は非常に有利だと。本省の課長になったとき、次官が辞令を見て「あっ、あんた大阪大学の卒業なの、めずらしいね」と言った。全く気にしていない。私はそうでないと思われていた。大学が違うことがそのとき初めて分かるという。そういう意味で少年期からエリート校に入っていない。中学校への進学の時期からいわば雑草に近い、そういうふうな生活を送ってきたということを申し上げたい。

先ほども言ったように兄の影響力というか、いつも雑談をしていたり、たまには激論をしたこともあります。従来の体制というものを破らなければならないのだ、ということを兄はしきりに主張する。初めは中学生の終わりから高校生の頃ですからそんなことはないと言っていたのが、だんだん同調していった。影響を受けて大学に入って私も学生運動に加担しました。当時、破壊活動防止法の闘争が激しかった。大学の教養部の二年生のときですから、破防法が印象に残っています。昭和三〇年に卒業、大学院に二年行っていますので、三二年に文部省に入省しています。メーデーとか三鷹事件は高校生の時分。文部省に入ったあとは安保闘争だった。サンフランシスコ講和条約は三〇年ぐらいで学生の時分だったですね。

私自身は役所に入って、一〇年間ぐらいまでは完全な二重人格でした。そういう体制のなかに入ってはいけない、この体制を破壊するために入ったんだという気持ちが優勢だったです。上級職はそういう意味で受けたのではなしに、ほかに行くところがなかったから受けただけという面もあります。自分自身二重人格だというのは、文部省の体制だとか、日本の支配体制を破らなければならないという気持ちが非常に強い。ところがそれをもっと包み込んで自分自身が、国家組織だとか人間の管理組織だとかそういうのに興味があるのです。だからどうしても民間会社に入る気持ちはなかった。自分で商売を始めるのも自分には向かないという気持ちがあって、自分に向くのは権力だとか体制だとか管理組織などのなかでマネージメントすることが好きなんで、それは理屈なしの自分の性向、傾向なんです。権勢欲とか、権力志向というのでは決してなく、性格的なものです。大きな組織の持つ力、権限、パワー、それと同時にそういうパワーを打ち破らなければならないという別の問題意識があるわけです。そういっては自慢になってしまうんですけども私のいる学年はいつも非常にアクティヴになるんです。高等学校でもそうだったし中学校でも、大学に入ってもそうです、大体三期生が多いんですね。新制大学も三期生で、高等学校も三期生だった。人を集めて組織を組んで何かをするというのは好きで、世話好きなんでしょうか。幼い頃からそういう能力は何かあるんです。公的サービスをするマネージメントとしての役所のようなところに向いているわけです。自分の性格として。

私には腕力がないのでがき大将にはならなかったです。文化系のクラブを作って、組織を作ってという性向があった。何か目標を考えて、その目標を達成する、面白さを感じるし、能力があったのです。役所に入っていつも思うんだけれど、学歴があってこれだけ頭がよいのに、何でこれだけの仕事しかできないのかという人が多くいるんです。役所のために損だし、本人のためにも損だと思うけれど、そういう人が多いのです。ですから、およそ学歴というものほど信用ならないというのが私の考えです。

私が大阪大学に入ったのは、難しい大学には入れないというのが一つ、もう一つは田舎育ちなもんだから、代々そうなんですね、近くの学校に入るというのがうちの家の思想なんです。要するに一番近いところに行けばそれでいいんだという。別に何も唯一の大学を目指して行かなくてもいいんだと、そういう意味で非エリート的な育てられ方をしている。だから今の受験勉強なんかと全く違うわけです。どこか近くに教育を受ける機会があれば、そこに行けばいいんじゃないのというのがなんとはなしの家の雰囲気だった。

［第二節］　省内民主主義

省内民主主義

最近はもうそんなことは言わないですが、というのは文部省自身が日教組とあれだけ権力闘争をやっていたものですからね、およそ民主主義はないということを外から言われる。しかし、われわれのなかでは、これだけ自由勝手に議論しているのだけれどもなあというような気持ちでした。文部省だからそれぞれの専門家がいるわけなんです、だから社会科なら社会科だとか、政治学をやっているとか、教科書調査官だとか、教科調査官だとか、そういう人々がわれわれのやっているのを見て、文部省っていうのは省内民主主義ですねということをしきりに言う。そういう使われ方をしているんです。

私の知的能力というのは、計算にしても物事の記憶力にしても自分自身は非常に悪いと思っているんですけども、その悪いことがあまりマイナスにならないですね、役所の仕事の場合。考えてみれば非常に単純な仕事をしている。だから知的エリートは役所の仕事なんかにあまり必要じゃないです。何が必要かというと、人をどう動かしていくか、どういう組織を作るか、どう対応するか、人が何を思っているかを充分に忖度《そんたく》して、リプライできる、レスポンスできる能力が管理的な能力なんです。だから知的なレベルっていうことはあまり関係ないなって気がしてました。

無医大県の解消

一番大きな仕事は、初めて課長になったのが医学教育課長といいまして、医科大学を創設した。奈良県などは県立医科大学があったから造りませんでしたけれど、全く医科大学がない県や地域が一六ありまして、無医大県の解消計画をやりました。無医大県の解消計画は各県の知事にとっては、それまでは産業なり工場なりを誘致してくれば点数（票）になったのですけれど、ちょうど四〇年代の列島改造があって、他方、公害などがおかしくなってきたから福祉だとか医療などが言われるようになった。医科大学誘致は知事が次期の知事選に立つか立たないかというぐらいの重大問題で、言い換えれば一六の県知事さんが日参するというふうな仕事に対応させられた。与党はもとより野党からも、激しい要望が相次ぐ、そういう医科大学を一六か所も造った。一か所造ると大体三五〇億円ぐらいかかるのです。まだ三〇代の終わりだったですけれどもその課長が五千億か六千億とかのプロジェクトを差配していくわけです。それが一つの大きな仕事だったと思います。

われわれは徹底的に反対していた。というのは、当時後々医科大学があまるという見通しだったからです。それは絶対だめだといったのですが、そのとき、データをそろえて、いろんな客観的な事実を書き上げて、次官がそれを持って、与党首脳のところへ説明に行ったが、すると一蹴されたことがあるんです。列島改造計画の最後のところだった。高度成長があるけれど、政治にとっては地方を繁栄させなければならないという気持ちで、医科大学のないところにはぜひとも造ってやらなければならないという気持ちが強かった。医科大は国立です。だからお金は全然出さなくって、住民から受けがいいし、共産党から自民党まで賛成する。それに対抗して役所が反対するのは、そういう物事を決めるのは役人が決めるのではなしに、役人はそのときのポリシーメーキングになにをやっているかというと、はかない抵抗をしているだけです。政治家がやれというと、当時の推計では医者が余ってくる。そういう部分でははかない思いをします。(注2)

医科大学は一つ造るのに三五〇億かかる、普通の大学を造るのとは意味が違う。特に大変なのは国家公務員の定員を確保しなければならない。看護婦さんや医療技師さんなどを含めて、大体九百人ぐらい必要になる。一六か所造るとすると、国家公務員を一万五千人増やさなくてはならないプロジェクトなんです。特別の法律を作りまして実際増やした。

島根医科大学も出雲に造りました。出雲は七万ぐらいの町です。そこへ九百人の集団が来る。医学部の先生はやっぱりエリートで、教員は百人ぐらいいる。それらの家族を含めると約五千人ぐらいの町ができる。七万人の町に五千人のエリートの集団が来るのはものすごいことです。いろんな人がいろんなことを言ってくる、なんと大変な仕事だなと思いました。

静岡に造るにしても、当時、文部大臣が静岡の出身だったんです。これがまあわれわれの政策決定で浜松の方が静岡よりも土地が広く、それからいい病院が浜松で整備された。医科大学だけで自前に医療をやっていてもいい医療ができないから、これはまさに官僚の考えることで在来の病院とアフィリエート（affiliate）して、連携を組んで医療圏を全体でレベルアップしようではないかと、そういう仕組みを取ってそういう立場から、浜松を選んだわけです。土地もいい土地があったということで、そうするとせっかく文部大臣を出しながら浜松に取られたじゃないかと、ここで大騒動があったそうです。地元としても、浜松の方には佐鳴湖《さなるこ》という湖があるんですけど、環境保護団体がありまして医科大学なんかが来たら、環境を汚すからといって電話をかけてくるのです。私は審議官と一緒に日本平の上で、どっか静岡市に土地はないものかと眺めておったのをいまだに覚えています。ほかの県でも間違うと知事の首を飛ばすことになると言われたことがあります。

もう一つ、先生たちを集めるのは、学閥の問題があり、そこで大原則を決めたんです。医学部を作るのに三〇講座が必要なのです。たとえば、出雲に作るとなると京都大学が圧倒的に強いわけなのです。黙っていると三〇人のうち、二〇人以上を京都大学が占めて、あとを分けあうということになってしまうのです。それではまた学閥を増やして、学閥の再生産をする。これは絶対に反対ということで、一大学は一〇講座以下ということに決めた。その結果、出雲の医科大学の場合、鳥取大学やその他から二〇講座ぐらい行ったんです。京都大学は一〇人しか来れなかった。そういうのはもちろん有識者の意見や指導に従ったものではありますが行政指導です。今までであれば医科大学を造れば東京大学、京都大学、せいぜい大阪大学が来るかだったんです。そこに鳥取大学や岡山大学からどんどん乗り込んでくることになると、当時の学歴エリートからすると、お医者さんの世界では驚天動地のことだったのです。医学部の学閥は激しいですから。映画にも、雑誌にもありましたけど、「白い巨塔」ですから。

〔第三節〕　臨時教育審議会

臨時教育審議会

臨時教育審議会の事務局次長がもう一つの大きな仕事です。それとその後生涯学習局の初代局長になった、この三つが大きな仕事と言えば仕事です。

文教行政のなかで、生涯学習という言葉と、リカレントという言葉をはやらせました。生涯学習という言葉を作ったのは臨時教育審議会です。臨時教育審議会では従来の学校教育のキャッチアップの詰め込み教育はだめだ、画一的な教育はだめだ、ということで、それで教育という言葉は避けたいというのと、学校教育の役割をできるだけ小さくしたいということで、生涯学習ということで、要するに学校数育体制の打破ですね。そのなかから生涯学習という言葉が生まれてきたのです。なぜかというと教育だけが人間を養うのではない、人間を育むのはあらゆる生活のなかで、あらゆる範囲のなかで人間というのは育っていく。学校教育だけで人間が育っていると思うのは間違いだと、幅を広く取ろうというのが生涯学習の考え方です。この考え方は臨時教育審議会によるものです。文部省のなかでは言ってなかったです。文部省のなかでは昭和五六年に中央教育審議会が「生涯教育」という言葉を使ってます。それは社会教育だけでなしに、こういう発展する世の中では生涯にわたって教育が必要だという、かぎられた年限だけでなくずっと続いていく教育のために生涯教育という言乗を使い出した。

八〇年代の初めの頃になって、文部省としては、生涯という言葉を使い出したのです。そこから「教育」離れをしたのが臨時教育審議会で昭和六〇年ですね。正確には五九年から六〇年。文部省のなかでは非常に抵抗がありましたけれども、これまでの教育を中心とした文部行政を否定することになりますから。私は全くその点では違和感はなかった。臨時教育審議会の次長をやっているとき事務次官が職務上、事務局長だったもんで実質、次長が事務局長なんです。その切り盛りするときに外部から「あんたは大変だな、文部省の言ってることを全然守れなくって」と言われた。私はそれは全然大変だとは感じなかった。私は文部省にそういう気持ちで入ったもんですからね。学校教育を守らなければならないとか、日教組と激しく対決しなければならないとかそういうことは一切やったことがないです。それから文部省というのは非常に固い役所でしてとにかくがっちりして、学校教育の水準を高くしてそれこそ日本の国を成長させなければならないという、まさに成長と教育というのは結びついて考えていました。その点については私はこれからは学校教育を守らなければならないとは考えなかった。学校教育というのは柔軟にやればいいのだという気持ちが非常に強かった。大学の同窓会で時々言われましたけれど、あんたはいつも塀の上を歩いているな、いつどっちに倒れるか分からないと言われました。

大変なことが起こったのは、たとえば、私はリクルート事件を契機に辞めたようなものですけれど、あのときは、高石さんという次官がおりまして、彼がリクルートの発行株を安く買いまして、今でも訴訟が続いていて、そのときの社会教育局や生涯学習局の局長なもんだから、責任をともにして辞めた。私自身が株をもらったわけでもないし、何をしたわけでもないのです。ただリクルートとつきあいがあったことは事実です。面識もできるし、会などもやるし。ということは文部省は従来の殻を破って、広い人とつきあわなければならないという気持ちがあるわけで、そうすると産業界や実業界で発展する人ともつきあいがあるわけです。そうでなければ文部省が開かれた発展する役所になれないという気持ちがあるものだから。そういう一環のなかで江副さんともつきあいがあるわけです。そうすると齋藤は江副とつきあっているということに世の中ではなるんですね。

個人の考えか、それとも役所全体として、その辺になるとポリシーメーキングかもしれませんけれども、文部省の考えというのはないですね。というのは、私自身がそう考える、高石さんもそうだと思いますし、そういうふうな考えで文部行政をやらなければならないという考えがあるわけです。一方では学校教育をきちんとやらなければならないという考えが、両極端があるわけです。それがいつも絶えず話しながら決めている。文部省がどうかと言えば分らない。フォーマルな場でも激しく議論します。あるときには硬派の政策が強いということがあるし、あるときには柔らかい政策が強いこともある。私なんかは個人的に、常に柔らかい政策、日教組との対立はやめるときではないか、もう学校教育ばっかりではなく生涯学習でよいではないか、教育という言葉はつまらないから生涯学習にしようじゃないかとか。これからはリカレント教育だとかそういうことを言うんです。そうすると内部で激しく議論します。そういうとき、キャッチアップしたあと文部行政として教育のあり方をどうしたらいいのかというそういう発想が足りないと言って私はいつも文句を言っている。

日本の国がなぜ初等・中等教育がいいと言われるかというと、全体のレベルを上げることによって、全体としての生産力や、物を作ることが国の発展に役立つようないわゆる発展途上国だったのです。

日本の教育制度が力を注いだし、日本の国民の体質がそれに合っておった。それがまさに成長期の成功の元だったんです。それはそれで非常に意味のあった政策なのです。

だけれどもその次の政策というのはまだ出ていない。今文部省は必死になって考えています。しかし私なんかはやっと臨時教育審議会の線まで来たと言っている。それは一〇年遅れだと言っている。一〇年前にやっておれば、意味があったけれどね、一〇年遅れで、やっと臨時教育審議会の意味が分かってきたというのが私の今の分析です。文部省はまさにまだ二一世紀の政策になっていない。いろいろやっていますけれどね、真からそうなってはいない。私立大学にしてもそうだけれども、そういう意味では国立大学の独立法人化などと言われているけれども、大学制度は徹底的に変えなければならない。

若い頃「大衆化時代の大学政策」を朝日ジャーナルに書きました。一九六六年に書いているんです。昭和四一年ですか、高度成長が始まって、大学大衆化現象が起こって、進学率が高くなって、マスプロ教育をやらなければだめだってことも書いてます。大学が閉じこもっていたのではだめだ。協業組織を考えなければとか、いろいろな大学が単位互換が大事だとか、講座制の問題とか、これは大学紛争が起こる前に書いているのです。この時分から言っているんです。省内民主主義だと言ったのは省内でこういうものを書いても、おまえよく言ったとほめてくれる、局長なども。

施策として反映

もっと前から柔軟路線を出すことも大事なんですがそこまでは行かない。当時は、東西対立の冷戦の圧力釜に入っていました。文部省はそう柔らかいことは言えないという政治状況でした。だから、まさに何もできなかったのです。経済的な、社会成長の意味では全体のレベルをあげるという先ほどのような事情がありましたけれど、もう一つは東西対立、五五年体制というのがやっぱり大きいですね。五五年体制ってのが、文部行政のなかで大きい。いわゆるイデオロギー対立というのがあって、文部省が何かをやろうと思っても、弾力的に処理しようと思っても、それができないような圧力があった。

部分的にはたとえば、今、学習指導要領の改訂をするとか言ってます。最近は国旗、国歌などが反動的に動いてますが、全体としての文部行政は、今は相当弾力化しています。デ・レギュレーションなどで指導要領などもできるだけ自由にしようとしています。当時は、文部省が指導要領などを弾力的に自由にすると、たちまち現場でイデオロギー教育をやられてしまう。そうすると日本の秩序がもたないというものすごい圧力のなかで行政をやっていかなければならないということがあったのです。

われわれは若いから勝手なことが言えるけれど、そうはやれないのだというのがみんなの気持ちだった。現職でありながらそういう意見を発表することには全く問題がないです。むしろ私などが省内で認められたのは（朝日ジャーナル等で）こういう論文を発表したからできた。この論文は三〇歳ぐらいのとき、県の社会教育課長をやっているときに書いた。

［第四節］　規制廃止

規制廃止

戦後の文部行政の変化、文部省のなかでは絶えずこういうことを言っているということを書いておきたかった。大学もこういうふうに変わらなければならない。少なくとも二〇世紀の、一九六六年ですから、真ん中でこういうことを言っておった。ところが今日、まだそこまでいたっていない、その意味でまだ二一世紀の大学になっていないという感じがします。要するに、国が何をするべきかということを徹底的に考え直さなければならないのです。

二〇世紀というのは国が何でもやる社会福祉国家で、何でも国が手を広げるというのが二〇世紀です。二一世紀は、まず人間というのか、住民、国民という言葉もおかしくなってしまうけれども、とにかく統治されるところの住民が自分でやるという前提になって、そういう意味ではもう一回夜警国家に戻る。夜警行政だけしていればいい、治安だけすればいいとなってくる。そうならないとだめだと思います。絶対そうです。

大きな政府でなく、小さな政府にしよう。大きくなってもいいんですけれどね、特に国民が自らの選択として防衛なら防衛とか、国家の治安なら治安を選ぶなら大きくなってもいい。基本的な問題だけにかぎるけど。

デ・レギュレーションを規制緩和と訳しているのは間違いだと私は言っている。あれは緩和でなしに規制廃止である。規制緩和っていうのは規制があってそれを緩和することで、廃止して必要なものは何かを考えるというのがデ・レギュレーション。私も文部省におる間は、臨時行政調査会なんかと大げんかしていまして、そんなにデ・レギュレーションしたらだめだということをしきりに言ってました。それは文部省の立場です。現場ではそう言っていましたけど、今では本当にデ・レギュレーションしないとだめだと思っています。それが二一世紀の成熟社会の在り方です。

昔は、国家権力が手を差し伸べなければ人民は幸福になれなかった。今は何もしなくても、成熟社会でこれだけ生産力が上がっていますから、幸福になれる。それなのに何かというと役所が、邪魔になるだけであって、大きな世界情勢の変化、社会情勢の変化に応じた主張や、考え方を変えなければいかんのです。

でき上がってしまうと組織というのは自動的、自律的に動いてしまうんです。しかし世の中の方向に反している組織は絶対に栄えないです。通産省が元気がいいのは二一世紀型の組織、役所なんです。

通産省は自分で何でも作ったり、民間組織を勝手に作らせるし、それを支援するというのは通産省のやり方なんです。従来の大蔵省の金融行政と全く違うんです。通産省は規制官庁という側面もありますが基本的には自分で営造物を持たない、規制行政じゃない。厚生省とか金融官庁とかはまさに規制官庁です。全然違う。

最近の文部省もだいぶそういう発想になってきました。レギュレーションを前提にして規制緩和をするから煩雑に落ち込むんです。本当に生き返らせると思うなら、いっぺんほうり投げてしまわないとだめです。純粋の競争をやらないと本当にいい文部省にならないです。そうすれば通産省に相談に行くより、文部省に相談に来るようになるんです。本当に大学を運営するためにはどこの大学がどういうことをやってうまく成功していますかとか、どうすればうまくいくでしょうとか、外国の単位の互換をどうするのですかとか、留学生はどうすればいいですか、などというように、規制でなく、自由な相談相手に文部省はなるべきなのです。それで信頼されるようになるべきなのです。

今は大綱化でよくなりました。これはやらないよりはましだと後輩に言ってるんです。しかし基本的には持っている権限をいっぺん放棄するべきなのです。自由にやらしてみてそのなかでなにかやらなければならないことだけは役所でやる。そのことが大切です。役所が小さくなる。その部分は小さくなるけど、相談相手が相談することが増えて、そういうお客さんが来ればいい。

文部行政

文部省、文部行政は初等中等教育に重点があった。大学教育よりも財政的に完全に、義務教育重視です。それが日本の教育としても当時、有効な策だったのです。日本の国民の性癖にもうまく合ったし、それで日本も充実して時代の要請に合っていたんです。それはそれで間違いじゃなかったのです。世の中では間違いじゃなかったということがかえって禍根を残す。成功すれば成功するほどあとはやりづらいのです。壊しづらいです。

日本と対照的なのがアメリカのシステム、完全な自由競争で、修正憲法の一〇条で、連邦政府は教育について何かをやってはいかんのです。だから、州政府の仕事なのです。連邦政府は何をやっているかというといわゆる人種問題、障害者問題だとかそういうものだけにプロジェクトを絞って補助金を出している。だから教育省は Bank of Education と呼ばれているのです。

Department of Education は独立したときもありますし厚生省と一緒になったときもあります、今は厚生省と一緒になっているんでしょうかね。比べると日本の文部省は非常に大きな力を持っているが、そうなると憲法も改正しなければならないですが、憲法二六条で国民は教育を受ける権利を有すると規定している。するとそれを保障するのが国の責任だとなるものだから文部省が大きな力を持つ。アメリカみたいに憲法で教育は国の責任ではないとなれば、違ったものになります。

部署の異動

入省から退官まで頻繁な部署の異動は日本の官僚制の一つの特徴で、専門家を作らず、ゼネラリストを作る。文部省にかぎらず日本の役所一般の特徴なのですがこれには短所がある。行政が専門化しない、行政対象から信頼感を得られない。やっと名前を民間の人から覚えられたのに、次に行ったらもう担当者が変わっているという。

これは行政だけではなく官僚制の持つ没主観主義です。官僚制というのは主観を持ってやってはいけないというのが官僚制なのです。権限が少なければ、やることが小さければ、それでいいんです。それが政策を決めたりあるいはいろんな行政、アドミニストレーションをするからいかんのです。だけども本当はアドミニストレーションをやるのならきちんと顔が見えるようにするべきなのです。名前が分からないところで責任という概念が生じないです。だれの仕事か分からない。行政を受ける側にすれば、だれがやった仕事か分からない。責任を追及しようとするともう人が変わっているということになり、信頼もなくなってしまう。もっとも、私みたいに過激な意見の持ち主でも課長になれば大体その課長のポストとして同じことを言ってますように、そうでないと役人稼業は続かないという複雑な思いをする面もあります。

地方へ出向するのは基本的には補助金が相当なウェイトを占めていますから、地方自治体側に来てほしいという気持ちがある。それが一番の理由で、派生的には若い官僚を養成するために勉強させるという意味が文部省としてはあります。若い官僚をできるだけ出していろいろな経験を積ませる。自治体としては行政の専門家がいないから、特に法律をよく知っている文教行政の専門家がほしいということで成り立っている。しかし基本的には地方出向は制度としてはだめなんです。地方自治が大事で、デ・レギュレーションと同じです。民間企業への天下りも減るべきです。やはり規制緩和で、役所の権限が減り、地方や民間が主体性を保つということでないでしょうか。本人にとっては定年まで雇用延長があるし、もう一つは実力を持って自分の仕事を探すっていうことが大事なのです。

行政についてデ・レギュレーションするのは官僚にとって、官僚制度の存在意義を狭めていくことになる。だから規制改革を主張するのは、どちらかといえば個人の考え方というのが強いです。今の若い人がどの程度思っているかは分からない。私も文部省の守備範囲を増やしたい、自分たちの知っている人間のネットワークを大きくしたいという気持ちがあります。その組織に属する人間として、個人的な意味でね、だけどそれが果たして世の中の幸せになることかなということを思いながらやらなければなりません。

福祉国家については、政府がどこまで面倒を見ていくのか、二一世紀はそれを追求することになるのかもしれません。デ・レギュレーションして役所は小さくなるけれども貧富の格差とか、国民福祉とかいうものが、あるいは安全だとかが確保されなければならない。夜警国家とか自由国家は一九世紀型の政治だと言われるけれども、二〇世紀になって社会福祉国家になって、二一世紀はそこをアウフヘーベン（aufheben）して小さい政府で社会福祉は大きくというようにするんでしょうね。しなければいけないんでしょうね。もう一回一九世紀にただ返るだけではだめなんです。その辺がこれからの政策の一番大きな問題かもしれません。官僚としてはやはり矛盾は感じている、今はどうしようかと思って、そんなに責めるんならわしら何にもやらない、そのかわり階層差別が激しくなる、治安が悪くなる。しょうがないという気持ちはあるでしょうね。

臨時教育審議会に行っていた時分に、役所はいろいろ仕事があって国民から要望されている、だから福祉的なことも教育も手厚くやらなければならないと、臨教審の委員たちと事務局のなかで激しく議論しました。先生がたそんなに言うんなら、これから教育や福祉に国の責任を小さくし、その結果、犯罪も増えるし学生の質の悪いのも出てくるし、外国人の労働を自由化すればまた新しい摩擦を持ち込まれるし、という選択ですねと言った。そういう選択をする危険性を見込んで議論しなくてはならないことをしきりに言いました。臨教審の委員のみなさんは制度については素人ですから私の言っている意味をどの程度理解していただいていたかは分かりませんが、そういう選択を今しようとしているのだと思いました。

だから自由化をすれば日本の国は荒れるぞと、文部省は弱くなって教育の場からの桎梏《しっこく》はとれるけれど学校現場は荒れるぞと絶えず、思っていました。そういう選択を国民は取ろうとしている。それは私は卵を立てろというのと同じだと思う。どちらかに転ぶ、人間社会ではまっすぐ立てるというのが無理なんです。国民も国民だし、官僚の方もそれをいいことにして逃げている。人間社会のことだから絶えず揺れているんです。揺れている過程が人間社会なんです。社会の安定度とか国民の福祉とか、日本はまだ古今東西の歴史のなかで相当いい方じゃないですか。アメリカ社会とかヨーロッパ社会とかもっと悲惨な、体験をしています。アメリカは移民の国家だからちょっと特殊だとしても、ヨーロッパの国は、イギリスにしても、フランスにしてもよく思い切って、外国人の労働者を入れてますね。

文部省

課長、課長補佐の時代、仕事上の接触をする官庁で大蔵省が一番多かったのは予算の問題ですね。総務庁特に私は大蔵省と関係の深い仕事をしていましたから。総務庁は定員の配分という意味でね。総務庁との関係が深かった。医科大学の定員。あるいは大学を造る。大学課長としても国立大学の先生の定員を管理している仕事だものだから。絶えず行政管理局と、相談をしておりました。それからもう一つは臨時教育審議会というのが総理府のなかにあったから、内閣官房長官の指揮下に入っていましたから。仕事の性格の上からですね。

昔は日教組に対応する、対応しながら教育委員会を指導する初等中等局のポストがわりかた重視されましたね。それにもかかわらず大学行政というのも重視されているのです。

大学行政は私学を考えているのではなしに、国立大学を考えてまして、やっぱり一二万人の教職員を抱えて、百足らずの大きな組織を動かしていくというのは、これは営造物行政としては相当なウェイトなのです。それをきっちり管理していくというのには有能な人間が集まっていくのです。だから一〇年前までは、日教組対応の初中局と、それと拮抗して大学行政をやっていく。地方課長とか大学課長というのはわりあい重要なポストだった。歴代の次官などを見ると地方課長をやっているか大学課長をやっている。

文部省内におけるエリートコースというのがあるんです。できています。私の場合、一種の自由主義者ですからね、日教組関係だけにはどうしても担当しなかったわけです。日教組関係は地方課が、当時教育委員会を指導する地方課が一番花形でした。

まあ大学行政なら少々自由なことを言っても体制がしっかりしていますからね。ところが最近は非常に分散化しています。国際関係も非常に多くなってきています。留学生問題も、交流が激しくなってきていますし、文化行政も相当重くなってきています。最近はいろいろなところから出てくるという感じで。テリトリーは広がってきました。反対に言えば、初中局が落ち込んできている、という感じです。

[第五節] 国際化

国際化

国際化は留学生の受入とか派遣とか、学術振興会、科学研究費も最近国際関係に随分出すようになっている。文化庁の国際関係の交流なども増えています。しかし、これらの予算措置は金額的には大したことないです。何百億という程度です。国立大学は一兆五千億ぐらい。義務教育は二兆五千億ぐらいです。予算的なウェイトからするとそれだけの違いがある。

それは全体として生産力が足りなくって、キャッチアップを必死にしているときに文化だとか社会福祉だとかそんなのんきなことを言ってられない。日本の国は貧困です。ヨーロッパの先進国は施設、ミュージアムとかがあるが、それというのも植民地で稼いでいた。ああいう文化を残そうと思えば貴族だとか植民地といったものが必要なのです。日本は貴族もなく、文化なんか栄えるはずがないのです。そのかわりに社会が非常に安全だったのです。

植民地にされた方も悲惨だけれども、植民地を持っていた国も大変な歴史を抱え込んでいます。アメリカの黒人問題にしましても、貴族だとか奴隷だとか、植民地だとか国が繁栄するということはそれだけマイナスの歴史を抱え込んでいるのです。だから植民地を持たなかったことがどれほど幸せなことか分かりません。

アメリカの黒人問題や、他方フランス、イギリス、要するに植民地からの移民がたくさんいるのです。結局植民地を持っていたから来ちゃだめと言えない。その歴史がありまして、歴史は人種問題やなんかとしていまだに続いているのです。治安の良さを得ようと思いますとやはり植民地は持たない方かよかったのです。

それともう一つは、日本は昔から非常に大衆的な国家です。富が集中していないから余剰がないのではないですか。これだけ庶民が豊かだったらみんな庶民が消費してしまって、お金がたまるところがないのです。貴族、地主階層、資本家階層にしてもそういうものがないのです。全国民が全部食い尽くしてしまっているのです。こういう国ではお金がたまらない。厚みのある文化政策は発展しない。

政策

中央官庁では実務は課長とか課長補佐が起案して実施する。上はただ承認する、その場合、政治家との関係なんです。

事例的なことから言えば後に総理大臣をやったようなかたと、課長あるいは審議官クラスのときに部会長や、あるいは部会のメンバーと、文教部会なら文教部会のメンバーとして、相当濃密なつきあいをしています。お互いに意見の交換をして、向こうにすればその政策をこっちから引き出すということがあるし、こちらにすれば政治家が何を考えているかということ、本心を聞き出すし、もう一つは政策を実行するには、政治家、与党の政治家にお願いしなければならない。という意味で、あらゆる仕事が特に予算と法案がそうですけれど、一緒になってやるという感じです。それが課長や、それから審議官レベルです。その時分のつきあいというのが一番やはり、濃密であって予算の時期になったり、法案を最後にまとめるようになりますと毎日のように会います。それからそうでなくってもいろいろな報告に、やはり二週間に一回くらい行っています。まあ二週間に一回くらい政策の大きなプロジェクトがありますと、新聞に出る前に政治家が、文教部会の主な人が知っている状態になっていなければならないわけです。報告し指示を受け、報告の前に意見を聞きあるいは修正をし、練り上げていくわけです。その辺はこの私の著書（齋藤諦淳『文教予算の編成』ぎょうせい）を見ていただきますと非常に丁寧に書いてあります。与党との調整の実態、これは私たちの仕事の実態です。文部省にかぎらず、一般的なことで、それはどこでも同じ。図式化すればこういうことです。

これを書いたのは昭和五九年です。これは現職のときに書いています。だれにも相談しないで黙って書いた。内部資料は使わないように注意して、大臣官房の審議官のときに書いたのです。

書くのは任意です。任意で、完全に二派ありますね。できるだけ書くべきだという思想の持ち主と、絶対書いてはならないという思想の持ち主と。役所というのはそれこそ没主観的なものであって、個人が何もするものではなくって、個人が書くべきではない。完全に二派に分かれています。

書いてはいけないっていうのは、役所の機密に触れることもあるし、個人がすることでもない組織がやっているんだから、組織のことを組織ではなくて個人が書くことはおかしいという理屈だろうと思います。若いときに書け書けという人と、書いてはならないという両方から言われるんです。そういうもの書くんじゃない、と言う上司もいますし、おまえなぜ書かないんだ、と言う上司もいます。だから、あとは個人の判断の問題です。

機密を使わずに表に出さず、ぼかすという、そこはテクニックの問題で、それだけの能力がないと書けないです。出版社では絶えず、売れる本を作りたいというインセンティヴがありますから。僕なんかは出版社に非常に重宝された方です。いろんな本を書くものだから。需要がかなりありました。

これなんかは抽象的な論文にしてあるものだからあまりなかったけれど、仕事の解説書なども書きました。大体どこの役所でも、文部省でもそうだけれども、法律を作れば解説書をだれかが書いてます。その担当で、役所で仕事をする人であれば書く能力はあります。担当の課長が書くか、課長補佐、審議官、担当の三人のうち一人ぐらいが書きます。だれから命令されるわけではないけれどもそうなってしまう。

法律を作りますとね、何でも分かりますね、その法律については。分かってないと作れないです。当然解説もね。日本の役所でも学会でも、だんだんアメリカ的になってプラグマティックになって、外から批判するだけが学問でもないし、あるいは解説だけを書いているのが仕事でもないし、両方が歩み寄っている。私が主張している主旨はおよそ研究というのは、現実から離れ、抽象的になって、分からないで書いていると、だから分かっている法案の立案者等が書かなければならないという気持ちになる。こっちにも官庁のなかの現実世界を吐露する責任がある。

勉強は自分で自主的にやります。そういう場に置かれますと人間というのは、責任があって地位に置かれて、インセンティヴがあれば仕事ができる。この本なんか私、臨時教育審議会のときに書いたのです。臨時教育審議会の仕事だけでも大変です。朝の八時頃から夜の七時、八時頃までやって家に帰れば新聞記者が四、五人待ってて、やっと帰るのが一二時頃で、それから書き出すのです。

時々うちの大学の先生にも文句言うんだけれども、忙しいとかなんとか言うんだけれども、夏休みもなければ、冬休みは休みがないどころかもっとも忙しいんです。予算とか国会の対策が始まったり。だから大学では一週間に四日来るか三日来るかと言って、学内で論争しているんですがね。官僚の忙しさはそんなレベルじゃないんだと言っているんです。

そういう場に置かれるとやはり、書いておかなければという気持ちが、書いているときにあるんです。私が書けなければこの事実はどこにも現われないという。あるいはこういう気持ちでデータに基づいて、こういう考えで政策は決定されたんだということは客観的に世の中に知らせておくべきではないかという、だれから言われたわけではないけれど責任感が出てくる。自分も暇になると書かなくなりますね。多忙なときに生産されるのでしょうね。使命感かもしれませんね。若さのエネルギーが必要ですね。年を取るとやっぱりエネルギーはなくなってしまいますね。

〔第六節〕　政治家と上級官僚

政治家と上級官僚との間の齟齬《そご》

その点は、私はこういうふうに分析しているんですが、比較的有名なかたも政務次官をやっておられたし、文教委員をやっておられた、若くして議員になった人は文教部会などはなりたい人がわりと少ないから、さっと入れる。そういう人とつきあいができる。

何の利益にもならないけれども文教部会でもやろうかという人は、一面また非常に理想を持っている。西岡先生なんかもそうですけれどもわりかた純粋なかたが多いです。私は西岡先生のときに辞めたんですけど。あの頃文部大臣で、だけどもいまだに一脈相通じるものがある。その後も話したりすることもあります。非常に理想主義者が多い、そういう理想主義者は政治家のなかでは軽視されているけど、ある一定の時を経てくると、わりかたそういう人材は育つのです。それが、海部先生であり、西岡先生であり、藤波先生であり有名な人が育っているんです。総理の森先生は、あの人も最初文教部会に入ってきて、船田先生なんかもそうだった。

それからもう一つはね、文教部会なら文教部会に入ってくるでしょ、そうすると、必ず一国会に法案を二本か三本かけてます、そうすると新人が代表質問なんかをやるのです。代表質問をするとき、私どもの頃は政策レクチャーをしに行くんですね。

法案を出すのは大学課長の責任で出している。代表質問は儀礼的なものですけれども、書く方は必死になって書いてます。与党との関係では事前にこちらから出向くし、向うもいろいろ聞くし、共同作業的な仕事をするのです。野党の方では、こちらは向こうの代表質問を手伝いに行くわけではないけれども、事前に呼ばれるわけですね。国会班というところがあって、この法案について「先生どういう質問をされるのですか」と聞く。そうするとよほどのことがないかぎり、私は反対質問でこういう反対をしたいのだ、この問題についてこう反対するなどの話があって、それについて意見交換をする。それから省内で大臣になり局長に説明にいく。明日、野党のこの先生がこの問題についてこう質問します。この事実についてはこのように答えてあります。このデータはこうでありますとか、そういう振り付けをしていくわけです。というふうな関係になります。

予想外の質問が出ることもあります。その辺は今までは局長が政府委員だったからその場で対応して答える。政府委員廃止は長期的にはいいのじゃないでしょうか。長期的にいいということは国が細かいことをやらなくなってしまう、デ・レギュレーションです。だから国がやらなければならない骨太な部分だけが決まっていく。それはポリシーを決めればいいのであって、ポリシーは官僚が入らなくても政治家が国会で決められることだから国会で議論することになれば政府委員の役割は小さくなって行く。実際は大変だろうと思いますけれどもね、事前に政務次官なり、大臣にレクチャーしなければならない。答弁は大変だと思います。質問が政策事項だけに絞られてこなければだめですね。質問がいつまでも行政の細かいことを根掘り葉掘り聞いているようでは、対応ができなくなります。質問が根掘り葉掘り聞くということはつまらない規制を求めることになる。規制緩和は全体の大きな流れではないでしょうか。傾向としては当然の傾向じゃないですか。少なくともそういう大きな流れのなかで見て取っておりますけれどね。避け難いというか、そういう政治判断ですね。国民の選択だと思っているのです。だからこちらに倒れればその欠点が出てくるし、そっちに倒れれば別の欠点が出てくる。こちらに倒れれば、またその欠点を直すためにというように。いいか悪いかではなしに、こっちに倒そうという政策判断なのです。国民のチョイスだと思います。

［第七節］　日本の教育と個人の自己責任

日本の教育全般

大学審議会では二一世紀の高等教育という答申を出しました。それが文部省の審議委員会の主張する競争的環境です。規制緩和することで競争的環境のなかで個性が輝く大学なのだという、これが文部省の答案です。ただ私が言っているのは、文部省はそう考えていないがこれは、二〇世紀の答案だと。二一世紀の社会については考えていない。その基本は何かといいますと、さっきのデ・レギュレーションじゃないが、競争的環境と言っているけれども要するに、規制緩和を考えているだけであって規制廃止を考えていない。本当の競争的環境じゃないというのが私の批判です。日本の大学教育はまだ競争的にはなってないですね、国際競争力は全くないですね。今まで何もしなくてもずっと売り手市場だったのです。私は二一世紀の大学は大衆化だと思っています、本当の意味での大衆化。自分としてはこれからの大学政策はこういう政策だと思っている。

国民の自己責任

大きな政府

異常な事件が継続して起こる今の青少年の問題に関して、文部省を責める国民の声の背景を考えると、国家の庇護を求める啓蒙主義です。日本は啓蒙主義国家として、社会教育を国が世話していたのです。啓蒙主義の時代なんで、だけどいまだに啓蒙主義からまだ出ていないのです。だから個人的な宗教観だとか、本当の個人主義だとか、自己の確立とか、そういう自分で解決しなければならない問題なのに、国家に寄りかかろうとするのです。

私は戦後の後遺症だと言っているんです。やっぱり一番の基本は戦争に負けたことだと言っているのです。戦争に負ければ、人間の主体性も国家としての社会としての思想も宗教もなくなってしまうのです。植民地にならなかっただけましだというのが私の見方です。救いはないですけど、そういう状態です。

本来は個人としての自分が、自分自身がしっかりするより仕方がないです。そうなるともう一種の宗教観かもしれません。人生観かもしれません。国家が出て世話をしたからといって解決がつくものではないのです。

私は個人的にはある宗教活動をしております、非常に穏やかな宗教活動をやっていますがそれは個人的にしているだけの話です。それは自分の社会的責任だと思って。私の生まれた宗派のお仕事を少し手伝っています、それはごく控えめに手伝っているだけです。それは個人としての責任と思ってやっているだけです。

社会の、体制の責任にしてしまって、そういう体制の責任だ、社会の責任だという風潮で、国家に何を求めても、今日の異常な青少年の事件などは解決しません。社会なり、地域なり、家庭なりが自己の責任で対応しないかぎり教育の本質的な解決策は見つかりません。

（インタビュー：二〇〇〇年二月一七日　編集責任者：瀧本佳史）

注

（1）インタビューの時期にはまだ「文部省」であったので、「文部省」で表現を統一する。他の省庁名についても同様である。
（2）この当時は今ほど医療需要がなく、無医大県を解消すると医師余剰になるという意見が強かった。

※初出＝中道實編『日本官僚制の連続と変化—ライフヒストリー編』（ナカニシヤ出版・二〇〇七年二月）

第二章

官邸の階段

2002 May

――「官邸の階段」とは、どういうことですか。

齋藤　世上『臨教審』といわれる臨時教育審議会が始まった中曽根総理のころ、官邸にたえず出入りしました。旧官邸は階段の多いつくりになっていたのですが、その階段を汗をかきながら上り下りした。その思い出話になります。

――なるほど。

齋藤　教育界では昭和五〇年代に入って、中学校などで登校拒否や校内暴力が頻発しました。いじめが横行する、先生が胸を刺される、子供が自殺する、というように学校現場は態をなさない状況でした。こうした事情で昭和五九年から官邸が主導する教育改革のための臨教審が始まったのでした。その臨教審の事務局次長を命じられました。事務局長は歴代の文部事務次官でしたので、じっさい、審議会は事務局次長の仕事でした。

――そうだったですか。

齋藤　新しく発足した臨教審では、はなばなしく議論が始まりました。一方では、文部省の規制を緩和し自由化を進めよなどという主張が出ました。他方、文部省や学校現場は、そうはいっても制度の維持や教育水準の確保などから、限度があるなどと反論しました。

――審議会はどうまとまったのですか。

齋藤　どうしても、両意見の中間的なところに落ち着きます。そして議論の方向や中間まとめを出すとき、また答申をまとめるたびに、官邸に報告しなければなりません。官房副長官、官房長官には、それぞれの激務の合間の時間を頂戴して次長の責任で説明します。その上で臨教審の会長、事務次官と同道して総理に報告します。これらの間にマスコミへの対応をしなければなりません。記者は審議会が最終的にどうまとまるかに関心を寄せます。あすのヘッドラインをどうするかに必死です。国会のほうも各党にいちはやく説明しなければならず、新聞の報道で審議の内容を知るということでは、国会の立場がありません。立法府が軽視されたことになります。

――大変ですね。

齋藤　これを一時に仕切らなければなりません。委員の意見などで一部方針が変わったりすると、またひとまわり説明のし直しです。

そして、答申が出た後は国会質問が始まるというように、地獄の忙しさでした。国会や記者対応と同時に、何度も官邸の階段を上り下りしました。

――文部省の方にはどうしましたか。

齋藤　答申の影響を一番受け、それにもとづいて執行の責任をおわされる文部省にも、当然説明しなければなりません。それに文部大臣は臨教審の担当大臣で、毎回きちんと報告しなければなりません。しかし、なんといっても三〇年間にわたって私の職場でもありましたので、官邸や国会へのレクなどを先に済ませ、ほっとした気持ちで文部大臣室や次官室に入ったものでした。臨教審三年の間にお仕えした文部大臣は、森喜朗、松永光、海部俊樹、藤尾正行、塩川正十郎と多彩でした。

――大変だったことはわかりましたが、肝心の答申による教育改革の中身はどうでしたか。

齋藤　学区制を弾力化して学校の選択をできるようにしたり、学校が教育課程の個性を出せるようにしたり、民間から教員を採用したり、大学入試を多様化したり、生涯学習を推進したりと、細かく見ていけばずいぶん改革されました。

――でも、まだまだ変化に乏しいですね。

齋藤　そうです。臨教審を作った中曽根総理にしても、もっと華々しい教育改革を期待していました。中曽根総理は『新しい保守の論理』という本を書いていますが、そこで、教育界は形骸化して迷路に入りこんでいる、文部省は小刻み改善しかしないとしています。六・三制の思い切った改革や受験地獄の解消、民族の個性を高める国民主義や日本文化の尊重を、もう少し明確にしてもらいたいという気持ちが強かったと思います。

――総理の期待に十分に応えられなかったということですか。

齋藤　そうですね。臨教審の委員さん方もずいぶん努力しました。いわゆる自由化論者は、しがらみを断ち切って改革を進めるという立場ですが、慎重派は学校関係者や文部省などの意見を聞きます。

――それも必要なことでしょうね。

齋藤　必要ではありますが、特に役所の官僚の意見は現実的になり、改革に消極的になります。私は、官僚とは電車の運転手のようなものだといっています。決められた制度の上を国民というお客さんを目的とするところまで、きっちりお運びするのが行政です。ところが、改革というのは路線をどう敷き替えるかということです。運転手には路線の敷き替えを計画する適性はありませんし、運転の最中にこの路線はいらないんだと考えたりすると危険です。官僚は運転手同様に保守的にならざるをえない面があります。

——なるほど。

齋藤 そういうわけで、総理の期待に沿えない思いもあって、官邸の階段の上り下りが大儀であったともいえます。しかし昭和から平成にかけて、文部省は比較的前向きに改革を進めてきたのも事実です。中央省庁の再編成や小泉内閣の構造改革にも、いつもなら因循、保守的といわれがちな文部省にしては、比較的快調に対応しています。これは臨教審の洗礼を受け、教育改革に着手した中曽根内閣のリーダーシップのおかげです。

——それにしても、政治・行政改革をもっとスムーズにできないものですか。

齋藤 わが国では、運転手である官僚が今まで政策を決めていました。改革の時代ではこれは無理です。それでは政治家が決めるかということになりますが、専門化、複雑化した現代の高度な社会では専門家が必要です。政策・政治の責任者である与野党や官邸つまり政治家と政策を執行する各省つまり官僚とを結ぶため、階段を上り下りするその中間の専門家が必要です。専門家の政策集団が必要です。大学と一緒になって民間の研究所やシンクタンクなどがさらに強化されることが望まれます。大学の同窓会なども、それに一枚加わってはどうでしょうか。会員の持つ知的能力や多様な経験を、自由な専門家の立場で社会に還元することになります。

——ついでにといっては話が重すぎますが、臨教審の後、リクルート事件が起りましたね。

齋藤　臨時教育審議会のすぐ後で、政・官界を震撼させたリクルート事件が起りました。リクルート事件の一つの核だったのは学生の就職協定問題で、当時の藤波孝生官房長官や文部省の高石邦男文部次官が事件にまきこまれました。私自身は嫌疑はなく、むしろ検察側証人に委嘱されるような立場でありました。しかし当時は文部省の中で、いわゆる筆頭局である生涯学習局長でありましたし、なによりも文部省全体の大きな責任を問われる出来事でありました。この事件故に平成元年に、文部省官房長などとともに辞任しました。

事件の背景としては、従来の文部省の殻を破って、広い人とつきあわなければならないという気持ちがあり、そうすると産業界や実業界で発展する人とも交際がある。そうでなければ文部省はソフトで幅広い政策を展開できない。そういう一環で江副さんなどともつきあいができる。それがゆきすぎたのがあの事件でした。

そんな事情の教育改革の中の一つの出来事でありまして、この事件は、私にとって官邸の階段の上り下りの記憶とともに、終生忘れることはできません。

（この話題は二〇〇二年に建て替えられた一代前の内閣総理大臣官邸のことである）

※初出＝大阪大学法学部青雲会東京支部「青雲流る」（二〇〇二年五月）

第二章

社会教育する心

1967 February

私が千葉県の社会教育課長を仰せつかったのは、二年半前の昭和三九年の夏でした。明るい太陽がぎらぎら照りつける日に辞令をもらって、方々にあいさつまわりしたことをおぼえています。その日が、私にとって県の教育行政のはじめての経験であると同時に、社会教育といわれるものに対面したはじめてのときだったのです。

社会教育との顔あわせ

社会教育と顔あわせして痛切に感じたことは、現在の学校教育がいろんな意味でまちがっているということでした。日本の社会における学校教育のゆがみを社会教育が一身に引き受けてしわよせをくっているということでした。

たとえば、学校では一から十までみんな教えてしまおうという考え方があります。教育の当事者も親や社会も、学校を出た人間はすべて完全に教育されてきたものという考え方が強いようです。もっともな面もありますが、これを裏がえすと、学校を出てしまった後は一切勉強しないということになってしまっているのです。成人教育がなかなかうまく行かないのはまさにこのためのようです。当時、婦人会にしても、成人学校にしても、いまさらこの年になって学習もあったものでないという考えがずい分わざわいしているようでした。学校を出てしまってから、わざわざ勉強しようというような人物は、一部の篤志家でしかないのです。

小学校から大学に至るまで、すべて同じようなあやまりをくり返しているような気がします。なぜ、もっと、生涯にわたって勉強する原動力を学校時代につちかえないものなのでしょうか。責任は、学校だけにあるのでなしに、生徒自身にも親の側にも社会の側にもあるのですが、社会教育は、こういう社会教育以前の根本問題から取り組まなければならないことを強く感じるのでした。私が、家庭教育学級やＰＴＡの会合などで、開口一番の学校教育がまちがっているという言葉から始めるのもこのためだったのです。

とくに、五十づらをさげた人が、その後何の積み上げもしないで、どこそこの大学の何学部を出たというようなことを口にする人がいますが、ばかな人だとつくづく顔をながめたものでした。社会へ出てから二〇年も三〇年もたつのに、せいぜい二年か三年間の大昔の経歴をいつまでも笠に着ている人間ほど貧しいものはありますまい。学校教育にめぐまれなくても、その後の社会教育の機会に自ら学んで実に見事な識見と人格をつちかった人々がいかに多いことか。二年半の間に出あったこういう立派な人達に啓発されて、私は負けてはならないと励んだものでした。

教育のひずみ

現在の学校教育のゆがみの最たるものは進学教育です。これも単に学校教育の当事者だけの責任ではなくて社会をあげてそうせざるを得ないようにしてしまっているようです。一部での小学校からの越境入学にはじまり、中学校では大半が高校進学の準備におわり、高校では有名大学に夢中になっております。

これの弊害は学校教育自体としても大きな問題です。特に中学校教育は高校入試の教科中心教育のため、体育やクラブ活動をなおざりにされ、高校では一にぎりの国立大学受験者のためあげてノイローゼ教育の観で、それぞれ三年間かけて、大多数の生徒にいかにして劣等感を植えつけようかとしているように見えます。かりに上級学校に進学できても第一志望校に入れないものの大半は、ぬきがたい挫折感と自信喪失になやまされているようです。これで教育といえるのでしょうか。

社会教育で青少年教育をとりあつかう際、このような学校教育のひずみがもっとはげしい形であらわれてきています。義務教育だけで終る子供たちは、今の中学校では完全に日陰におかれてしまっています。進学指導に忙しい先生方からは、見向きもされません。もっと悪いことに、戦前では仲間は八割もいたのに、今では義務教育だけで終わるグループは三割もいないのです。ひがみをもつ仲間の数がおそろしいほどの劣勢なのです。やりきれない気持でしょう。そういう若者が非行に走らないのがむしろ不思議な気がするくらいでした。

青年学級や青年団を始める際、疎外されたこの子供達の心をときほぐすことから始めなければならないのです。学校時代の先生はきらいだという子供が大半でした。学校の先生を将来相談相手にしようとするものは一人もいませんでした。

もちろん、教育水準が上り、多くのものが上級学校に進学することは喜ばなければなりません。めまぐるしいまでの日本経済の発展は、すぐれた教育制度とその高い水準による能力開発が寄与していることはいなむことはできません。しかし、本来の経済発展の目的が豊かな人間生活をうけることにあるのに、今のままでは、子供達は劣等感にあえぎ、親達は子供の学校のために別居生活までするような、生活の幸せも喜びもめちゃくちゃになる状態なのです。マンパワーポリシイにふりまわされているこの社会の本当の開発のために、社会教育は敢然ときりこまなければならない思いでした。

木更津にある青年の家で一昨年からはじめた中卒だけで就職した者の「新就職研修会」はそういう意味で成功でした。集まる青年の数は一回三〇人前後でこれを四日間宿泊で研修するのですが、何はともあれ進学組が一切いないということで子供達はほっとするようでした。おれだけでなく、みんなが仲間なのだ。そして、青年の家の先生は学校の先生とちがってやさしいというのが一致した評価でした。とにかく、もっぱら自分達に先生の目が向けられているんだという充実感がそのように感じさせるのでしょう。学校でも職場でも中卒という日陰にいた若者に暖かい太陽があてられるという感じでした。

一人の女子研修生はつぎのように書いています。

「これまでの私は、仕事に興味がもてず、中卒だという劣等感で一人で悩んだ。毎日の生活が楽しくなかった。しかたなしにやっていた農業から、機会があれば逃げ出そうとしていた。

それが青年の家にきてから、心が晴々してきた。

劣等感を捨てて、農業に自信をもって励んでいこうと、自分自身にいいきかせている。

自分で自分を閉じてしまってはだめだ。もっと広く心を開いて仕事に身を入れて充実した日々を送ることだ」

社会教育というものは、この子の場合のように閉ざされてしまっていた心を広く開くことなのでしょう。大勢の人間を集めて気勢をあげるようなことではない。一人か二人の人間の心にくいいってこれを開くことができたとすれば、社会教育は成功なのではないでしょうか。それが社会教育する心なのではないでしょうか。

骨をうずめて

若い青年と夜おそくまで話し合っていますと、そのこと自身が楽しく、とくに新就職研修生などの若者の閉ざされていた胸中が生き生きと開かれて目に輝きの出てくるのが分ったりするとき、その若者が可愛いくて仕方がなくなるものです。自分の弟か子供のような気がしてくるものです。

大仰な言葉ですが人間愛とか人類愛とかいわれるものの片鱗にふれる感じです。

私事にわたって恐縮ですが、人間の愛情というものを一番教えてくれたのは、平凡なことですがやはり自分の子供でした。丁度私が千葉にきて一年目に、長女がうまれたのでした。顔立ちは私に似ておりました。大きくなって、父親似だと不平をいうのではないかと女房と笑いあいました。社会教育の仕事を一年もしていますと、既に土地にいわれない愛着を感じるものです。千葉県の古い国の名をとって「かづさ」と名付けさせていただきました。人生にぱっと灯がともったような感じでした。人間生活というものはいいものだと思いました。社会教育への愛情と、土地へのなつかしさと子供の可愛いさがごっちゃにこもった「かづさ」という言葉でした。

喜びは悲しみと裏表だったのです。生まれて五七日目に無熱性のかぜをこじらせて急性肺炎にかかりました。専門医に見せた甲斐もなく静かに死んで行きました。気にいらないと大きな泣き声で困らせた赤児でした。何がうれしいのか、一月目くらいから眠りながら笑いのような表情をみせることもありました。小さな柩の中に、小さな旅わらじをそえて冷たくなった体を納めるときはまことに胸のしめつけられることでした。

子供をなくした悲しさからぬけきるために一番よかったのは、人間の愛情を、自分とか自分の子供とかの利己的なものから、社会一般にきり変えることでした。よく、「よそ様の子供が元気に育っているのをみると穏かでないでしょう」といわれましたが、私の場合、見栄ではなくて、元気な他人の子供を祝福したい気持でした。近所の子供達をあらためてながめ、この子は元気でよかった、あの子にけがでもあるといけないと思いました。

更にいえば、わが子の冥福を祈る思いで千葉の社会教育の一端をにないたいという気持でした。もし、だれか一人の青年の心でもとらえれば、かづさへ注ぎたい愛情がもっと大きく報いられるという気持でした。それは、決して悲しみの代償というのではなしに、別の次元の情熱と理解していただきたいと思います。

どのような情熱をもっていても、私は、やはり一介の公務員にすぎません。二、三年もすると、辞令と共にどこへ転任を命じられるか分りません。よく、われわれはのら犬みたいなものだといいました。電信柱に小用をはたすように、あっちへ行きこっちへ行き、さっときりあげて別の世界の仕事にまわされてしまうからです。それは分っていても、かづさの生まれ死んだこの土地をはなれるのは淋しいきわみであるのです。気持の上では骨をうずめてしまいたいと思いました。よく、「まもなく栄転でしょう」といわれるたびに、悲しい、無慈悲な思いをさせられたものでした。

かづさは、因縁でしょうか、私の七代ほど前の県の社会教育課長である隆高鑑様にとむらいをいただくことになりました。隆様はたぬきばやしで名高い木更津の證誠寺の御住職でした。幼ない命をかづさの国の童謡のお寺でおまつりいただき、私も東京へ行くことになっても、千葉の社会教育に骨をうずめたつもりなのです。

人間の可能性

人間はいろんな能力をもっており、愛情をもってこれを引き出すとびっくりするほど成長するものです。社会教育の大きな仕事はこれだと思います。学校時代の同窓生などで、「あいつが……」と思うのが実に成長していることがあります。社会へ出てからのいろんな経験で学んで得たものなのでしょう。

学校教育で疎外されることの多い現代の青少年の、隠れた能力を引き出し、生きる自信を与えたい。千葉での活動の後半は、かづさへの愛情をこめてそういう気持で仕事をすることになりました。その際私の気持に一番ぴったりしたのは、身近な本県の出身で、日紡貝塚のバレーチームで活躍した磯辺サタさんのことでした。

話が前後しますが、丁度私が赴任した年の秋に東京オリンピックが開かれました。県庁の九階から、はるか東京の上空の育空に開会式の五輪の飛行機雲を見たとき、お祭り行事に懐疑的であった私も、ああよかったと思ったものでした。競技が日に日にすすんで、バレーの決勝戦が行なわれる頃には、テレビの前で手に汗をにぎり、選手と大松が勝利のよろこびに体をこすりあいながらむせび泣くのをみると、すっかり目頭を熱くしたものでした。

その後余程たって、大松監督が日紡チームについて書いた著書を読んで、私ははっとさせられました。この人は実に立派な教育者だということを知ったからなのです。大学のクラブ活動などがしごき事件を引き起こすのとはちがって、「おれについてこい」というのは、指導者の努力と同等の努力をしてほしいというきわめて教育的な発言だったのです。

この人は、口では人を引っぱれないということをしきりにいっています。十人が百のレシーブを練習するなら、大松は千のアタックボールを投げなければならない。その千の努力をチームの各人が精進してほしいという願いが、「おれについてこい」であったのです。社会教育の場面では青少年健全育成がしきりに叫ばれていますが、私は青少年を健全に育成する成人の手本をみがきあげなければならないことを強調しました。若い者に「おれについてこい」といえるだけの社会を、今の日本の成人社会が果して作りあげているでしょうか。

大松は、昭和三三年に磯辺サタという女の子を偶然に見つけ出しました。体がいいというだけの平凡な中学生でしたが、貝塚チームに入れて他の選手と共にきびしい練習をさせます。この子は両親がなく、祖母にさびしく育てられ、親に甘える味を知らずに育ったのでした。その苦労をみごとに生かして、遅れて仲間入りしながらレギュラーメンバーになったということです。

「みんなどの選手もなみなみならぬ長いつらい練習をしたにちがいない。金メダルで報われてあたりまえといえよう。しかし、磯辺サタという貧しい孤児の胸に輝いたあの一つの金メダルほど世にもさんぜんたる光輝を放ったものがあろうか。

わたしはオリンピックに勝って泣いたのではない。こういうやつらの、うれしい姿に涙が止まらなかったのだ」（大松博文『なせば成る！――続・おれについてこい――』講談社より）

大松は、日陰の生活に終る平凡な女の子達に、スポーツの世界での長所を無限に引き出して世界一にまで仕立てあげ、しかも人間的にもわが子以上に愛情をかけていたのです。どんな人間でもいろんな能力をもっており、引き出しようによって、いかにでも伸びるのではないでしょうか。こうして、一人一人が大松のような気持で社会教育する心になれば、私達の世の中はみちがえるように進歩するのではないでしょうか。

磯辺サタさんが出たという香取郡の神崎中学校の講堂で、ＰＴＡの人々を前にこの話をしたときは、とくに全堂がしんと静まりかえっておったことを覚えております。中には、話をききながら涙を流している人もありました。話の最中に、演台からふとおりて、私はみんなの真ん中に入ってしまいました。それがごく自然な所作で、お互いに何の抵抗もないのにわれながら不思議な気がしたぐらいでした。話が終わって、一番身近にいた中年の御婦人と長い握手をいたしました。何百人という会員を相手にしなから、一人一人と話ができたような非常に気持のよい思い出でした。

＊

いつまで書いても話がつきません。いろんな思い出の最後に、千葉県の一番印象に残った風景のことにふれてみたいと思います。

それは、すゝきなのです。どこの県でも、田舎へ行けばすすきぐらいはいくらでもあるかもしれません。でも、出張のたびごとに列事の中から、真青な秋の空を背景に、うちつづいた白いすすきの穂波をみると、ことのほか清冽な感じでした。「千葉はいいなあ」と思いました。多分、いろんな機会にご鞭撻いただいた千葉の皆様方の印象が一緒にまじりあっていたのではないかと思います。

※初出＝千葉県社会教育庁社会教育課「ちば社会教育」（一九六七年二月）より

第II編

教育改革論集——新しい教育政策のあり方

第一章 戦後わが国の教育政策

1995 June

はじめに

戦後わが国の教育政策の五〇年を顧みるとき、三つの側面を持っている。それは、主にその時代的課題に影響されている訳であるが、第一は、政治的な、いわゆる五五年体制に影響を受けた面であり、第二は、経済的な、経済成長政策に影響を受けた面である。そして、第三は、社会的な現象としての、青少年人口の激しい増減を伴う二度のベビーブームに影響を受けた側面である。これら三つの時代的課題に対応しつつ、教育政策がどのように展開してきたか、考察したい。

なお、教育政策のこの三つの側面を概括的に見ると、第一は政治的な側面であるが、五五年体制は、基本は、国際的な東西冷戦構造を背景とする国内の厳しい対立の関係である。階級闘争的な色彩を持ち、保守とそれに対する革新とのイデオロギーの対立構造で、教育政策としてはいわゆる「文部省と日教組」との対立関係の中で形成されたものであった。ただ、この対立の構造の中においても、別の面では、保守と革新が一定の勢力を保ち、議会政治の枠内で政策形成していく、協調と妥協が行われたことにも留意しなくてはならない。

教育政策の背景となるのは、第二に、経済的な側面であるが、その基本的な特質は、所得倍増に代表される経済成長期の政策であった。その間、教育界に、人的能力の開発、教育投資、産学連携などいろいろな論議がわき起こった。いわば経済発展のための人材養成のあり方が、教育政策に課題を提供したのであった。ただ、その間の教育の発展は、単に経済成長のための手段としての教育政策のみではない。経済成長の効果としても生活水準が上昇し、それに対応しつつ教育の機会均等の確保や、国民の教育水準の向上など、国民の福祉や、教育本来のあり方を求めて教育政策が展開されてきたことも見落としてはならない。

第三は社会的な側面としてのベビーブームの影響である。第一次のブームでは、単にその時期に学生生徒の絶対数が増えるだけでなく、学生数の急増に伴う競争圧力がかえって進学率の上昇をもたらし、また大学が大衆化し、それが急増に対する条件整備の遅れ等と重なって学園紛争の要因となった。そして第二次の急増は、中学校を中心とした教育の荒廃をもたらして、臨時教育審議会を設けさせる要因となった。今日では、ブームが去って大学冬の時代を迎え大学改革を加速させるというように、教育政策の決定的な規定要因となってきたのがベビーブームである。

今、東西冷戦構造の崩壊の影響を受けつつ、イデオロギー対立を基底とする政治情勢は急激に変化し、また政治的変革よりもさらに早く、経済成長の時代が終わり、経済は成長から成熟の時代に転換した。また、ベビーブームの波も立ち去り、戦後五〇年を支配した教育政策の環境は一変した。

こういう時代の転換点に立って、過去五〇年の教育政策の一考察を試みたい。

［第一節］　五五年体制下の教育政策

［1］――早々の転換

第二次世界大戦終結後の、日本の改革を主導した米国占領軍は、当初、他の連合国と協力して、日本から軍国主義ないしファッシズムを払拭し、自由と民主主義を実現するという、いわゆる初期民主化政策をとった。

教育改革についても、周知のように連合国軍最高司令長官が米国に教育使節団の派遣を要請し、この使節団は、「教師の最善の能力は、自由の空気の中においてのみ十分に実現される（注1）」と格調高く報告した。これは米国教育使節団報告として、戦後教育改革の指導方針となった。

当時の占領軍の政策は、しかし、東西冷戦構造が、戦後世界の基本的な体制となるに従い早々の転換を余儀なくされる。

教育政策でも、対立の構造が基本となったのである。

戦後改革初期民主化政策が転換せざるを得なかったのは、世界情勢の反映であるが、それは単に外的な環境条件であったのみならず、わが国の国内情勢が緊迫していたことによる。即ち、戦後の経済や社会基盤の徹底的な荒廃、戦争中の国家主義的な政府権力に対する反動、大衆の社会主義イデオロギーへの傾斜など一触即発の危機的対立状況であった。

このわが国の政治状況は、戦後一〇年を経て、いわゆる「五五年体制」として「権力構造が固定的に維持される」ようになり、自民党という一政党政権が長期持続し、野党をその二分の一の枠内に閉じ込めてしまう「政治状況の基本的パターンがうみだされる」(注2)こととなった。

この五五年体制が、わが国の教育政策に及ぼした影響については、日本教育政策学会年報第一号の課題論文で、熊谷一乗「『五五年体制』と教育政策の展開」が的確な分析をしている。

[2]――イデオロギー対立

熊谷論文は、「五五年体制」を東西冷戦構造の政治イデオロギー対立の構造とし、「自民党の圧倒的優位による保守支配」等の特質をあげ、両極対抗的政治構造に対応して、教育政策の決定構造が形成されたことを明らかにする。(注3)

そして、具体的に対立した教育政策の課題としては、教育委員会制度の改正、勤務評定の実施、教頭制度の法制化等の「教育管理政策」、そして教科書統制、道徳、国旗掲揚、国歌斉唱等の「教育内容政策」をあげる。

このように、五五年体制下で、占領期の初期民主化政策による新教育の諸制度を改め、教育の保守支配に有利な「教育管理体制」の仕組みを作り、ナショナリズムの復活・強化等のための国の「教育

内容政策」に影響を与えようとした保革対決が、戦後教育政策の基本となったことを論じる。(注4)

こうして、戦後、極めて短い期間に実行に移されたわが国の新教育体制は、その後一貫して修正されていく。

既に、五五年体制以前の一九五四年の「教育二法」といわれた、教育の政治的中立性の確保のための法律なども激しい対決のもとに制定されたが、教育政策がその時々において、わが国の政治体制の選択を決定する代表的な政治争点となったのである。

教育の場合、もともと、他の行政分野に比べ、厳しく中立性が求められることが明らかであるが、これは教育が国家社会の形成者という国家の存立にかかわる人材の価値観を形成するというところから、極めて思想的色彩の強いものであり、それだけに政治的対立が激しいという性格を持っている。教育政策の争点が、戦後、わが国のイデオロギー論争を代表する形で教育政策のあり方が決定されてきたのも、それは教育自体の持つ性格によることは疑いない。

事実、教育界の対立の状況は激しく、日教組は、既に昭和二七年（一九五二）に教師を労働者とする「教師の倫理綱領」を出し、イデオロギー的主張を行なうが、同時に対立する政府の側でも、昭和二九年（一九五四）の中央教育審議会は中立性確保の法律のための答申で、教職員団体が「年少者の純白な政治意識に対し、一方に偏向した政治的指導を与える機会を絶無ならしめるよう」と厳しく述べる（二九年答申・三）。五五年体制を通じ、つい近年まで「文部省と日教組」という言葉に代表されるように、わが国のイデオロギー対立を代表する形で政府と反政府が対立したのも、教育自体の持つ特性を反映している。

このように、主として五五年体制の基本的性格である政治的対立の構図を背景として、イデオロギー的な対決を基調とする教育政策が展開されてきたのが戦後わが国の教育政策の特徴である。

[3]――協調と妥協

以上のように、戦後教育政策は、五五年体制下の対立を基軸とするのであるが、他方、対立する勢力が、協調し、あるいは妥協して政策形成する側面があったことを見落としてはならない。

もともと五五年体制は、対立を特性とすることを否定すべくもないが、一面、支配的な政権保守党が、革新野党と合意し、あるいは妥協して政局運営をせざるを得ない側面があった。そのもっとも基本は、憲法改正問題で、五五年体制は実は三分の一の勢力を維持する野党によって、憲法改正が阻止される政治体制でもあったのである。「憲法改正・安保擁護を主張する保守党の主導下にあったけれども、安保反対・憲法擁護を主張する革新野党によって憲法改正だけは歯止めをかけられていた」のである。(注5)

改憲問題だけでなく、岸内閣の安保改定等「強力政治」の破綻の後は、五五年体制のもと野党等との対話と合意にもとづく政治となり、これは、「戦後政治」として「与野党のなれあい政治」「総談合政治」とも言われる。(注6) 一部の政党人等の間で、五五年体制を主としてこの側面から把握する考えもあることは否めない。

少なくともこのような意味で、五五年体制についての認識は、一方的に対立の側面だけでとらえるのは避けるべきではないか。

ここで、戦後政治について、妥協やなれあいという側面だけをあまり強調するのも、少なくともイデオロギー対決を続けた教育問題の実態を見る限り疑問であるが、しかし他方、すべて保守体制の支配だけで捕捉するのも問題なのである。

外部の観察者からとかく見落とされがちであるが、戦後憲法体制下での政策形成過程を見るとき、国会が果たした機能は少なくない。そしてこの国会の機能は、主として野党の意向を表出するものであった。

わが国の国会審議は、専ら野党対政府側の質問と答弁に終始する。この国会審議の過程で、野党をチャンネルとして政府を批判する勢力の影響力が行使される。教員の待遇改善、四〇人学級の実現、私学助成の拡充、その他各種の振興策は、野党の政策追及の成果の側面も持っていた。対決的な色彩の濃い管理政策や、教育内容の問題にしても、野党の絶えざる質疑に対する配慮の上に、妥協や、ある部分の協調の上に、政策決定されてきた。

この面から五五年体制下の教育政策の形成過程の機序を見るとき、二つの側面があると言える。一つは自民党と文部省の連携により、政策作成する過程である。教育政策の立案、決定をめぐって、自民党と文部省との間で連携され、これが戦後の教育政策の支配的なものとなったことはいうまでもない。文部省と自民党の連携は、特に自民党の文教部会を通じて行なわれ、その仕組みについては、近年比較的世に明らかにされた。

他の一つは、上記、国会の審議の過程での、野党やその背後の教職員団体との政策の調整である。ここで、野党の影響力は、国会を通じるものであるが、単に表に出る国会審議だけでない。分析すれば三つの側面があり、一つは野党による予算や法案の修正を通じて（修正機能）、二つは与党との政治的な妥協を通じて予算や行政の執行の上で（妥協機能）、三つにはそもそも国会審議の過程が存在することに配慮をさせる教育的な機能（教育機能）によって、野党が影響力を行使したのであった。この意味で、戦後教育政策は、対決を基調とする五五年体制下で、しかし一方では協調と妥協の綾を折り込みながら政策が形成されてきたと言える。(注7)

このように、五五年体制下の教育政策は、イデオロギー対立を基本とし、他方一面では対立する諸勢力の協調と妥協のもとに政策形成されてきたと言えよう。

〔第二節〕　経済成長下の教育政策

【1】――所得倍増政策

教育政策の背景となるのは、政治的な状況と並んで経済的要請である。特に昭和三〇年代から四〇年代半ばの経済成長期においては、後期中等教育や高等教育を中心に、経済政策が、人的能力の開発という観点から教育政策に影響を与えてきた。そして、全体としてこの側面の教育政策は、いわゆる教育投資論として批判を受けつつ推移し、戦後わが国の教育政策の一つの大きな特徴となった。

学校教育と人的能力の開発の結びつきが顕著になるのは、国民所得倍増計画の頃からである。ここで教育界では、教育が、マンパワーポリシーに奉仕し、子供の人権や、教育の機会均等を犠牲にして、差別選別と経済開発を第一義にするものであるとされ、第一節に述べた政治的なイデオロギー対立を背景とする教育政策の側面と表裏の関係で、激しい対立状況の中で政策形成されていくこととなった。

もともと、国民所得倍増計画は、安保闘争のあとの政権を担った池田内閣が「寛容と忍耐」をモットーとし、言うところの「低姿勢」を、庶民にとってわかりやすい「所得倍増」の合い言葉で推進した経済政策であったとされる。この経済政策を通じて民生の安定と社会の治平をめざしたとされる。(注8) しかしこのような内閣の姿勢と異なり、教育政策にあっては対決の課題となったのである。

大学について見れば、昭和三二年（一九五七）新長期経済計画に関連して、大学における理工系学生八千人増募計画が実施されるなど、経済計画と学校における人材養成の連携は始まっていたが、昭和三五年（一九六〇）国民所得倍増計画では、科学技術者の養成等、人材の養成の必要性について述べ、「倍増期間内においておよそ一七万人の科学技術者の不足が見込まれるので、理工学系大学の定員について早急に具体的な増加計画を立てるべきである」と指摘した。

この間、それまで専科大学等の名称で提案されていた法案を、工業教育を主体とする高等専門学校として創設することとして、昭和三七年（一九六二）発足となる。

また、高等学校の工業教育についても、昭和三〇年（一九五五）の経済自立五か年計画で関連付けが始められ、さらに昭和三五年（一九六〇）の国民所得倍増計画で「今後における就業構造の近代化に対応して技術者、技能者の需要が増大する。これにともない目標年次における工業高校程度の技術者の不足は四四万人とみこまれる。」とされた。

こうして所得倍増計画にもとづき中堅産業人の教育が重視され、工業等の学科の新設を図り、国は財政援助措置を行なって、積極的な拡充方策を採った。(注9)

〔2〕――後期中等教育の多様化

さらにこういう政策の一環として、文部省の中央教育審議会は昭和三八年（一九六三）からの審議を経て、昭和四一年（一九六六）「後期中等教育の拡充整備について」という答申を提出した。答申では「生徒の適性・能力・進路に対応するとともに、職種の専門分化と新しい分野の人材需要とに即応するよう改善し、教育内容の多様化を図る」と述べた(注10)が、これが産業界による人的能力の開発を前進させるもので、いわゆる多様化路線として反発を呼んだ。能力に応じた教育として、職業高校等の拡充は、差別選別のための多様化であり、競争原理に基づくものであるとされたのである。

産業界は、日経連が昭和三一年（一九五六）に「新時代の要請に対応する技術教育に関する意見」や、翌三二年（一九五七）に「科学技術教育振興に関する意見」等の提案をするが、これに対し日教組などの教育界は、『生徒の進路・特性・能力に応じた』複線型学校体系への切りかえが強く要請されている」と非難する。そして中央教育審議会の答申については「能力主義による多様化が、教育改革の主要路線となった」とし、「能力主義とそれにもとづく多様化は明らかに企業の要請にもとづくものであり、人間を人間としてではなく、労働者として……マン・パワーしてとらえ、企業にとって有効・有利なマン・パワー選別と開発を第一義とするものであった(注11)」とする。

このような教育政策については当時文部省においても、「教育は消費の性格を持つものではあるが、同時に投資として重要な意義をもっている」として、いわゆる教育投資論を展開する。その考えを明らかにしたのは昭和三七年（一九六二）の教育白書「日本の成長と教育」であるが、そこでは次のように述べている。教育は、「技術革新の成果を生産過程の中におりこんで軌道にのせてゆくための、欠くべからざる要素である。このような時代にあって教育を投資と見る視点がいっそう重視されなければならない（注12）」

この時代の教育のあり方については、後に臨時教育審議会が分析したように、戦後高度経済成長の時代であり、同時に明治百年の追い付き型近代化の達成の時代であったといえる。その特徴は「国民総生産、シェアと利潤、給与・所得、就学率と偏差値等……単純な諸価値の追求に専心してきた」という側面を持ったことは否めない（注13）。

戦後期全体を通じてみれば、教育政策にもいろいろな側面があるが、この高度経済成長期の教育政策が、経済政策の影響をもっとも強く受けたと言える。前記教育白書において「わが国近代教育の発展が、経済発展において演じた役割は、世界的視野から見ると、すばらしい一つの歴史的実例であったとみられている（注14）」と述べたのも、経済発展を教育の中心に据えた、その時代の政策の考え方を象徴的に示している。

〔3〕――中央教育審議会昭和四六年答申

昭和四〇年代半ば、経済、社会は公害問題に代表される高度成長の歪みを見せながら、次第に成熟社会への変換を見せる。同時に、いわゆる工業化社会から情報化社会への転換、国際的規模での経済社会システム再編成など、時代は進展する。

こういう時代を背景として、中央教育審議会は「今後における学校教育の総合的な拡充整備のための基本的施策について」の審議をし、昭和四六年（一九七一）答申を提出する。この答申はわが国の学校教育の実績について、精力的かつ多角的にデータを分析評価しつつ検討課題を整理した。また時代の転換を明確に意識し、明治初期と第二次世界大戦後の二度の激動期の教育改革に対比されるべき「第三の教育改革」と自らを位置づけた。

しかし、この答申はいわゆる中教審路線としてとらえられ、激しい反対運動に遭遇した。答申は戦後の教育に対する政治的対立構造の中で、「戦後改革を改革」し、国家が教育に関与する〈国家の復権〉という面と、「経済界の能力主義的な再編」という面の二本の柱が一つのものとして支配者の政策の中に位置づいていると批判される。(注15)

総じて、四六年答申は、教育改革の先導的試行等について、昭和四一年（一九六六）の中教審の「後期中等教育の拡充整備について」の答申による高等学校の多様化政策や、教育投資論の引継であるとされた。また大学を五種の類型をあげて種別化する提案などについても中教審路線による大学間格差構造であるという批判等を受けた。

また、一方では、戦後、わが国の大学と経済や産業界との関係は、大学の自治を侵し、社会や経済の要請に奉仕するとして大学から拒否反応を示された。産学協同等には強いアレルギーがあり、大学紛争においても「産協路線粉砕」(注16)がスローガンとなった。

このような、いわば経済的な要請としての人材養成や教育のあり方が教育政策の基本を規定し、これについても厳しく対立したのが、政治的対立を基軸とする教育政策とならんで、わが国の戦後五〇年の教育政策のもう一つの特徴であった。

なお、政治的側面に対立と妥協の二つの側面があったように、成長期の政策も、対立だけが基調になったのではない。そもそも、教育の本質に照らし個人の幸福の追求が政策の第一義的な目的になるという意識が、教育政策の担い手にあることは言うまでもない。また、他方、経済成長の成果として生活水準は向上し、それに対応して教育の機会均等の確保や国民の教育水準の向上が教育政策の目的となることも言うまでもないことであった。例えば、後期中等教育の拡充整備の答申においても経済的側面よりは、教育の機会均等の徹底を期するという、個人の人間形成に対する配慮も、一つの大きな柱であった。いわゆる多様化は、個人の適性・能力の自由な発現を妨げる、教育の画一化を招くことのないようにとの考え方も込められていたのである。(注17)

また、中央教育審議会の四六年答申も、「主体としての人間のあり方」(注18)を問い、また学校教育の固定観念から脱却し「生涯教育の観点から全教育体系を総合的に整備する」視点を示すなど、教育の本質を問うものであり、必ずしも教育投資論のみに終始するものではなかった。

しかし、これらの側面も、いわゆる「中教審路線」に対する反対闘争の声にかきけされてしまったのが現実であった。

〔第三節〕　ベビーブームの影響

〔1〕――ベビーブームと大衆化

一般には、あまり問題として意識されないが、教育政策に影響を与えるのは、政治や経済の要請と並んで、人口動態である。戦後わが国の教育政策において、人口動態、特に二度のベビーブームの与えた影響は、重大である。

人口動態が、教育政策と密接な関連を持つことは、内外の教育政策の関係者の間ではよく意識されている。例えば「一九八〇年代の高等教育政策」のOECDの会議の報告でも、各国高等教育の危機的状態の原因は「基本的には人口動態、長引く経済不況、インフレや失業の増大、そして公共支出の削減と関連している(注19)」と最初に人口動態を指摘する。

今日わが国の大学は、冬の時代といわれ、大学改革が急激に始まったが、これも一八歳人口が九〇年代に大きく減少に向かったことによっている。

大学だけでなく、初等、中等教育を含めた教育政策全体について、人口の要素は看過できず、昭和四七年（一九七二）に出版された文部省『学制百年史』でも次のように述べている。「この二十年間の教育施策を見る場合に、これに重大な影響を与えた二つの顕著な社会的現象を見落としてはならない。

一つは、いわゆるベビーブームの波と流れである。（昭和）二二年に始まる戦後出生児の急増の波頭は二八年小学校に達し、以後三五年中学校に、三八年高等学校に、そして四一年には大学の門戸に迫った」としている。(注20)

『学制百年史』の指摘するもう一つの社会的現象は、高度成長や科学技術等経済の進展であるが、これについては第二節で述べたところである。第一の要因の人口の増大期に、同時に国民所得水準の上昇に支えられ、さらに経済成長期の政策である技術者養成や大学の理工系増募計画も実施され、わが国学校教育の量的発展をもたらし、いわゆる教育の爆発の時代となったのである。学齢人口の増大期に、高等学校への進学競争が激化し、そして、在学者の絶対数が増加するとともに、加えて競争の激化が進学率の上昇をもたらし、さらに、経済成長と同調して、教育の拡大につながっていくという状況になる。

戦後、新学制として発足した新制高校が、当初は旧制中等学校の性格を引き継いでいたが、その進学率は昭和三〇年に五〇％をこえ、昭和四一年に七〇％をこえる。在学生数について見れば二五七万人から五〇七万人へと倍増するのである。

後期中等教育の拡充整備が対立する政策課題となったのは、単に所得倍増計画という経済政策と教育の連携のあり方についての対立だけであったのではなく、このように急激に拡大する時、従来の高等学校から、大衆化への質的な転換に伴う摩擦、それに在学生の膨脹に対応する施設、設備など条件整備の遅れ等が大きな要素であったことは否めない。

そういう大衆化への質的転換の時点での、従来と異なる学校に対する意識の切り替えに伴う摩擦や、競争を緩和するための条件整備を行なうべきであるという主張が、いわゆる多様化・差別化教育反対や、中教審路線反対の運動となり、対立的な課題となったのである。

同じような教育の爆発は、大学については、昭和四〇年に入った時から起こる。この時期、大学の拡大、学生の増加が見られるのであるが、いわゆる大学がエリートから大衆の大学への転換が起こるのである。一八歳人口の増加による競争の激化にあおられて、進学率が上昇し、学生は、エリートの保証を失い、自らエリートの意識を希薄にし、それとともに教授層と学生の精神的連帯感を喪失し「大学に対する不満が鬱積し，はけ口を求めて」(注21)大学紛争へと爆発するのである。

ベビーブームの波による、大学の拡大、学生の増加、量的拡大に伴う質的変貌、勉学条件や学園環境の悪化等を原因として、学園紛争が拡大したのは、ほとんど必然であったといえよう。

そして第一次ベビーブームが、大学紛争という大混乱を招きながら経過したのであるが、第二次のベビーブームは昭和五〇年代から始まった。既に経済競争や社会の成熟に伴う競争の激化により、いわゆる偏差値競争はますます激しくなっていた。そういう背景のもと、第一次のブームの混乱は大学で起こったが、第二次には、中学校で起こることとなった。登校拒否、校内暴力、いじめなど、いわゆる「学校教育の荒廃」「危機に立つ学校教育」(注22)と呼ばれる状況となった。

第二次のベビーブームの団塊ジュニアは、青少年犯罪の急増をもたらし、教育界では高校や大学などの入学競争を激化させ、浪人や非進学者を増大させる。同時に教育環境や、施設設備などの教育条件が悪化する。昭和五〇年代には、小中学校の 一学級生徒数や、過大規模校も増加し、プレハブ校舎も増える。東京近郊で、学校荒廃の象徴的な事件とされた、教員が生徒を刺傷するという事件を起こした中学校なども、学級数が多く、校長が職員を掌握できない状況になっていた。

生じるべき事態に事前に対応する政策が不足することによる摩擦、損失は大きいと言うべきであろう。この人口動態の激変が、戦後教育に大きな問題提起をし、社会的な混乱を引き起こしたのであった。そして、ベビーブームは、それを契機として教育の大衆化をもたらし、教育改革の動機ともなってきたのである。

〔2〕――戦後教育政策の転換

第二次のベビーブームを契機として、教育界が世の指弾を受けた時代は、わが国社会は、経済成長を中心とした追い付き型近代化の時代から大きく変わろうとしていた。

既にいわゆる情報化時代が始まり、それまでの教育の基底を成していたわが国の近代工業化文明は、国際摩擦、環境問題、資源エネルギー問題等多くの限界を見せてきた。それまでの教育政策を支えてきた所得倍増や近代化の経済社会自体が、転換したのである。

臨時教育審議会は、契機としては、第二次の団塊ジュニアのベビーブーマーが、学校教育の荒廃という形で問題提起したものであるが、時代的には、経済社会のいわゆる追い付き型近代化の教育から、成熟社会へ移行するための教育システムの改革を図る時となった。

経済成長政策を土俵として、鋭く対峙していた文部省と教員組合等は、この時、その土俵自体の根底からの見直しを迫られた。それまで原則として、教育関連の審議会は教育行政のオーソライズの役割を果たし、また、これに対し、教員組合等は政府、審議会をひっくるめて、その政策に全面反対するという構図であった。

しかし臨時教育審議会は、政府、文部省を擁護する事なく、画一化、硬直化や過度の瑣末主義的・形式主義的な統制・管理の行政体質は改革されなければならないと厳しく文部行政を指弾した。しかし同時に臨教審は、「組合の不当な介入による混乱」も指摘し、戦後教育界に持ち込まれた不幸なイデオロギー的、政治的な対立・不信が、硬直化、画一化の原因ともなるとして、教育行政、組合ともその責任を追及したのであった。臨時教育審議会は、文部省と日教組が対峙していた経済成長型社会の対立軸も含め、別の次元で両者を引っくるめて規制緩和や自由化の立場から、戦後教育の改革を迫ったのである。

さらに、臨時教育審議会が審議中は、まだ政治体制の変化は見られなかったが、続いて起こったベルリンの壁の崩壊による、社会主義圏の瓦解は、直ちにわが国の政治体制にも深刻な影響を与えた。

臨時教育審議会が指弾しようとした成長型時代の教育からの脱却の命題に、続いて生じた政治体制の転換は、戦後五〇年間続いた、政治的イデオロギー対立の基軸を根底から変えることを迫った。

第一節に述べた、戦後の冷戦構造を背景とする政治的対立の教育政策と、第二節に述べた、経済成長を背景とするいわゆる追い付き型近代化の要請による教育政策が、今、その外的要請の根拠がほとんど崩壊したといえる。

今日、教育政策が、それ自体の責任において、いわゆる何ものにもとらわれず、リベラルに考えられる時に来たともいえる。しかも第三節に述べた、二度にわたるベビーブームの波は去り、学齢人口は減少期に入って、客観情勢として、教育政策は冷静に検討できる時代になってきている。

しかし、教育の問題はまことに複雑、困難な課題で、偏差値競争はやまず、いじめの問題などが新たに教育界を震撼させている。教育政策の基底を成す対立軸が消失し、課題が消去されたはずであるのに、問題は解決されない。今、教育界は、難問を解決するための政策のあり方の基軸がどこにあるのか、模索を迫られていると言える。

ここで、やはりこれからの教育政策の依拠すべき基準の根底は、教育の目的である個人の価値の追求でなければならないことはいうまでもない。

注

（1）文部省調査普及局『米国教育使節団報告書』一九五二、五頁。
（2）井出嘉憲「保守長期政権下の統治」、日本政治学会編『55年体制の形成と崩壊』（一九六七、日本政治学会年報）岩波書店、一三頁。
（3）熊谷一乗「『55年体制』と教育政策の展開」、日本教育政策学会編『転換期の教育政策を問う』（一九九四、日本教育政策学会年報）八千代出版、四〇～四一頁。
（4）同前四四～四七頁。
（5）井出嘉憲、前掲書、二頁。
（6）渡辺治『政治改革と憲法改正』青木書店、一九九四、二五六頁。
（7）齋藤諦淳『文教予算の編成』ぎょうせい、一九九一、二三四～二四一頁。
（8）井出嘉憲、前掲書、二八頁。
（9）経済企画庁「国民所得倍増計画」一九六〇、二部三章「人的能力の向上と科学技術の振興」。文部省『学制百年史』一九七二、九五一～九五三頁。
（10）中央教育審議会答申「後期中等教育の拡充整備について」一九六三、第二、一。
（11）梅根悟編『日本の教育はどうあるべきか』勁草書房、一九七一、七二、七三頁。
（12）文部省「日本の成長と教育」一九六二、七頁。
（13）臨時教育審議会「教育改革に関する第二次答申」一九八六、第一部第一節。
（14）文部省、前掲「日本の成長と教育」九頁。
（15）堀尾輝久『日本の教育』東京大学出版会、一九九四、三二八頁。

(16) 東京大学新聞研究所編『東大紛争の記録』日本評論社、一九六九、一四六頁。
(17) 中央教育審議会「後期中等教育の拡充整備について」一九六六、第一、一。
(18) 中央教育審議会「今後における学校教育の総合的な拡充整備のための基本的施策について」一九七一、前文。
(19) "Policies for Higher Education in the 1980s",1983,OECD,p.8.
(20) 文部省、前掲『学制百年史』八二四頁。
(21) 大崎仁『「大学紛争」を語る』有信堂、一九九一、二九〇頁
(22) 臨時教育審議会「教育改革に関する二次答申」一九八六、第一部第二節。

※初出＝日本教育政策学会年報第二号『教育政策の戦後50年を問う』(一九九五年六月)

第二章　時代の変化と六・三制の変化

1997 November

はじめに

六・三制という教育制度を、戦後五〇年の教育政策のなかでふりかえってみると、三つの時代に分けることができる。

第一は、制度確立の時代ともいうべきで、発足当初、混沌とした社会を背景に、いかにして堅固な制度を創設するかということに腐心された。六・三制を単線的、画一的な制度とすることによって、教育の民主化、機会均等を確保することとされたのである。

第二の時代は、制度再編の時代ともいうべきで、人材養成の観点から、また教育上の観点から学校制度の多様化が試みられた。制度というものは硬直的なものであることを前提としてその制度、仕組みを多様化、種別化しようとした。

第三の時代は、柔軟化の時代ともいうべきで、国家政策として、いわゆる自由化や規制緩和のうねりの中で、六・三制を柔軟化しようとしている。制度の硬直的な拘束を廃止することによって国民ののぞむ教育の機会があたえられるのだとしている。

〔第一節〕　単線化、画一化

六・三制は、第二次大戦後、日本の教育の民主化を実現するために、教育委員会制度などとともに発足した。これは、いわゆる単線型という言葉で代表されるように、単純で画一的な制度を創設して教育の機会均等や学校の門戸開放を実現しようとするものであった。そして、この時代の財政的な困難や社会的混沌の中で、とにかく制度を創設することによって国民に、教育を行きわたらせた。そのための制度確立の時代であった。

六・三制の内容としては、第一には、義務教育を三年間延長すること。第二は学校制度を従来の複線型から小、中、高校、大学の単線型にし、誰もが上級学校への機会を与えられること。新制高校三原則といわれた男女共学、小学区制、総合制を実現すること。帝国大学を廃止するとともに、それまでの専門学校や師範学校を含めてすべて単一の新制大学とすること等であった。

このような六・三制の発足は、当時、容易でなかった。

財政難は厳しく、吉田内閣の総理、文部、大蔵大臣等の間で激しいやり取りの中で発足した。特に中学校での無免許教員、校舎の不足等の惨憺たる状況など教育条件の整備が課題であった。（注1）また、国民の日常生活の貧困。教育方針の転換に伴う混乱。労働運動の高揚。旧制度からの中等学校や大学教育のエリート意識。国立大学の新制大学への統合の反対など。六・三制による教育の機会均等の実施には、多くの困難が伴った。

政府内でも、硬直的ともいえる統一的な施策として提示し、財政当局などと、妥協を許さない折衝が必要となるし、国民も生活上の困難から就学義務の履行や教育の普及の余裕もない。そういう状況下では、とにかく制度を確立して、それを一律に普及するよりほかにすべはない。国が後見的、保護的立場から堅固で画一的に関係者に守らせる制度を創ることによって教育の民主化や機会均等など国民の要請に応えたといえる。

政策の内容を具体的に見ても、その政策の画一的な性格が明らかになる。

［1］教育制度に法律主義をとったこと。即ち、憲法により、いわゆる勅令主義でなく、法律によって確立することとし、教育基本法をはじめ、教育制度を精力的に、逐次法律化したこと。［2］多岐にわたる複線型学校教育制度を、一挙に、しかも一律に、単純、明快な単一制度に改革したこと。そして、学校設置基準、学級編成・定数基準の制定等の基準を定めて、全国一斉の内容や水準にそろえたこと。［3］その基準にしたがって、教員給与、施設費、就学援助、へき地教育の援助、産業教育など、数え上げれば教育活動のほとんどすべての分野に、国からの直接の補助金による施策をとったこと。

戦後、教育の地方自治が大きな政策目標になりながら、結局、国全体として中央集権的、統一的に条件をそろえ、一律、画一の制度として教育を確立しようとしたものであった。

これは、戦後の、あの荒廃の中から新教育の理想を実現しようとするとき、いわば必然的にとられた政策ともいうべく、制度を全国平等に画一的に確立することによって、すべての国民に教育の機会を行きわたらせようとした政策であった。

〔第二節〕　多様化、種別化

戦後の混乱を乗り越え、わが国の経済・社会は急速な成長、発展を始める。この時期に、外からの人材養成の観点からの要求により、また教育自体のあり方の要請により、能力・適性に応じた人材を育てるため学校制度の多様化が試みられる。戦後確立された画一的な教育制度を再編する時代となった。

この時代の制度のあり方の特徴としては、教育制度というものは画一的であり、また硬直的なもので、それを前提として多様化、種別化しようとしたことであった。

当時、教育のあり方に二つの側面から、問題が提起される。

一つは、外からの人材養成の観点からである。ソーシャルニーズといわれたが、要するに主として経済界からの人材養成のあり方の観点に立つ社会的要請であった。具体的には、昭和三二年(一九五七)の新長期経済計画に関連する、大学における理工系学生増募計画や、昭和三五年（一九六〇）の国民所得倍増計画による工業高校の技術者の養成など複線型の教育制度が要請されたのである。

いわゆるマンパワーポリシーが、六・三制のあり方に注文を提起したのである。

二つめの要請は、教育自体のあり方によるものである。つまりパーソナルニーズとして、学校教育自体を再編しようとする動きである。

戦後発足した六・三制が、教育の民主化や機会均等の名のもとに、あまりにも画一的、無差別の平等主義におちいって教育内容の不消化や、偏差値による競争の激化など、閉塞状態になっていることや、社会の発展に伴って、卒業後の進路が多様化しているのに、能力・適性をのばす教育上の配慮がなされないことなど、学校のあり方それ自体からの反省にたって、制度の再編が求められたのであった。

そういう教育上の理由とともに、特に、昭和三〇年（一九五五）に高等学校進学率が五〇％、また昭和三八年（一九六三）に大学進学率が一五％を越えた。この時期、学校教育の大衆化の時代を迎えたのである。特に、単に進学率が上昇するだけでなく、戦後のベビーブームという、猛烈な学齢人口の増大を抱えて、学校の多様化が求められたのである。

経済界を主とする外からのソーシャルニーズ、つまり人材養成の必要性に応えるとともに、教育自体のあり方、および教育の大衆化や教育人口の爆発にともなうパーソナルニーズ、つまり多様化した生徒、学生の能力・適性に応じる改革が求められて、六・三制は多様化、種別化の方策をとった。

昭和三七年（一九六二）より発足する工業等の高等専門学校の創設や、職業高等学校の拡充など単線型の制度を修正しようとするのがその具体策であった。

さらにこの政策の一環として、昭和四一年（一九六六）の中央教育審議会の「後期中等教育の拡充整備について」は、「生徒の適性・能力・進路に対応するとともに、職種の専門分化と新しい分野の人材需要とに即応するよう改善し、教育内容の多様化を図る」と述べた。また昭和四六年（一九七一）の中央教育審議会答申「今後における学校教育の総合的な拡充整備のための基本的施策について」は、先導的試行を行いつつ学校制度を改革することや、大学を五種の類型をあげて種別化する提案を行った。(注2)

この時代に、戦後発足した一律の単一型六・三制では、対応できず、時代の要請に応じた再編成を行わなければならないという政策的判断にたったのは、当然といえよう。

そこで、六・三制を再編成するに当たり、制度は堅固なものであることを前提として、複線型や、種別化など、制度的に枠組みを変えようとしたのは、この時代の背景による。

すなわち、時代的推移としては、新学制が昭和二〇年代にまだ発足したばかりであり、はじめから制度というものに対する柔軟な思想はなく、能力・適性に応じ、多様化しようとすれば、種別化し、複線型の教育制度を創ることだけが考えられたのであった。

そして何よりも、この時代の文教政策は、イデオロギー的に対立の時代であったことがその原因となっている。

まず、多様化、種別化は戦前の複線型教育にかえるものであり、経済界等の要請に奉仕するとともに、子供の将来の発展の芽をつんで、企業の要請に応じて幼少年期から差別選別する、非民主的な教育政策を推し進めるものとされた。いわゆる「中教審路線反対」、「多様化反対」のスローガンのもとに反対運動が展開されたのである。

しかもこの時代は、政治的には東西冷戦構造を背景に、五五年体制による保守支配に対する反発がはげしかった。勤務評定の実施、あるいは教科書や、道徳、国旗・国歌問題等、一連の文教政策が歴史にもまれな対立の中にあった。

こういう時代的背景から見て明らかなように、この時期には、制度の改正についても、自由、柔軟な発想をとる余地は、全くなかった。制度、仕組みを改めようと思えば、強権的に堅固なものとして実施しなければならなかった。イデオロギーの対立のるつぼの中で、文教制度のある側面に、国民の自主的な発想を認め、個々の選択の自由を認めるという余地はない状況であったといえる。

そういう時代的背景のもとに、しかも、人材養成の社会的要請を考慮し、また多様化する能力・適性を伸ばすという教育上の配慮や大衆化する教育人口の爆発に応じるためには、学校制度の硬直性を維持しつつ多様化、種別化という方策をとらざるを得なかったといえる。

〔第三節〕　柔軟化、自由化

昭和五〇年代の後半ころより、わが国の経済社会は高度経済成長期が終了し、いわゆる成熟社会に移行した。

この時代は、情報化や国際化の進展を背景に、いわゆる自由化や規制緩和など、経済社会はシステムの再編成を要請する。また政治的に、東西冷戦が終わり、国内のイデオロギー的な対立も一変した。時代の進展は、教育のあり方にかつてみない柔軟な改革を求めて、もはや単線化、画一化はもとより、多様化、種別化でも対応できないところまで来た。教育制度に柔軟化や自由化が求められるようになったのである。

教育制度改革のこの動きの手始めとなったのは、臨時教育審議会であった。そこでは、「今次教育改革において最も重要なことは、これまでの我が国の教育の根深い病弊である画一性、硬直性、閉鎖性を打破し」と宣言した。(注3)

臨時教育審議会の指摘する教育改革の必要性は次のように整理できる。

［1］個性重視の原則すなわち個性の尊重、自由・自律、自己責任が教育改革の原則であること。

［2］生涯学習体系すなわち、学校中心の体系からの脱却。評価の多面化、社会の高度化、変化にともなう教育機会の多様化、成人の学習意欲、高齢化などに応じ生涯学習への移行が図られること。

［3］国際化、情報化への対応のための改革をすること。

このような趣旨を実行に移すため、その後、学校制度について、多方面にわたり改革が講じられるようになった。実施されたものや、検討中のものを含め、次のようである。

単位制高校。総合制高校。六年制中高一貫教育。学齢児の学校選択。例外措置としての大学早期進学。一連の大学設置基準の弾力化。その他、個々の制度の改革はつづき、また制度運用の弾力化は各所で講じられるようになった。

ただしかし、今日の改革の多くは、まだ発想としては、昭和三〇年代からの複線的な多様化、種別化による改革の性格が強い。既存の制度の枠組みの中で画一的制度を前提とし、その例外措置を特別に認めようとしている。

さて、国民教育としての基礎・基本はゆるがせにすべきでなく、また、規制緩和にともなう、偏差値競争の激化や、社会階層の不平等など各種の弊害が予想される以上、政策選択には、慎重を期し、極端な柔軟化や自由化は、避けなければならないことはいうまでもない。

しかし今、二一世紀に臨んで、社会の大きな流れを見通す英知も必要である。

創造性や独創性の源としての個性重視は、制度の画一性を厭う。生涯学習は学校制度の固定化によって疎外される。国際化、即ち留学生、外国人児童、帰国子女など人口移動にともなう多種多様性は、いかに多様化しても制度の枠組みにははまりきらない。とくにアメリカのように自由な体制との教育、研究の交流には制度による摩擦が激化する。また情報化の課題は、社会の総体的な情報交流の中で、制度が硬直的な学校は孤立し、社会の発展に取り残される。

そういう学校自体の制度の柔軟化の要請に加えて、今日の社会の、自由化、規制緩和、さらには行政改革を求める大きな社会的潮流は、学校制度の、自由で柔軟なあり方をさらに求めることは明らかである。

戦後六・三制の発足時には、画一的制度を確立することによって、教育の機会均等を実現し民主化が図られたのであった。経済成長期には多様化、種別化をすすめて能力・適性に対応しようとした。成熟社会においては、制度を柔軟にし、さらには自由に運用することによって機会均等を確保しようとするようになってきた。

もとより、国家、社会の中での制度というものの基準性や、拘束制というものを否定してはならない。また、六・三制発足時のように、制度を確立することによって、新教育の理念が実現されたように、制度のもつ政策的効用を軽視してはならない。

しかし、一度創設した制度に固執し、また制度を硬直的に解釈・運用することを旨とする態度も誤りである。例えば、教育基本法で、九年間の義務教育は求めているにしても六・三制をいっているのではない。義務教育九年は六・三制に固執することはないし、ことによれば各県各市町村で個々に九年に満ちれば自由であってもよい。

要は国民の教育が実現され、機会が保障されればよい。

教育制度とは何か。それは、教育の組織、手続きを組み立て、国家的に強制するものといえる。そういうものである以上、制度は政策を決定するものや教育を提供する側のためのものであってはならない。そうではなしに、教育を受ける側つまり国民の機会均等を確保し、人格、能力を育成するという教育のための手段でなければならない。このため、教育制度は国民の教育のために必要な限度に限ったものでなければならない。戦後、発足当初の六・三制は、時代的要請により、堅固で画一的な制度によって教育の民主化が図られたが、今日の成熟社会では、その制度からの自由が求められている。六・三制も最低限の制度は必要としても、可能な限り国民を拘束から解放し、自由な選択にまかせる必要性に迫られているといえよう。

時代の変化は最初、国家制度として画一的、硬直的な単線型を求め、次は教育の多様化、種別化を要請した。今日はさらに進んで柔軟化、自由化を求めているのである。

注

（1）座談会「終戦前後の文部行政」（「文部時報」日本の教育一〇〇年〈一九七二、一一四五号〉）二一頁、文部省『学制百年史』六九六頁。

（2）齋藤諦淳「戦後わが国の教育政策」日本教育政策学会年報二号（一九九五）一三―一七頁。

（3）臨時教育審議会第一次答申「第一部 教育改革の方向」。

※初出＝日本教育制度学会「教育制度学研究」（第四号・一九九七・一一月）

第三章 文部科学行政とプロフェッショナリズム

2001 November

はじめに

文部科学省の行政対象は、教育、文化などと広い。範囲は広いが、行政の行動体系には、共通の固有の性質を持っている。

文部科学行政の固有の性質というのは、その行政の目的が教育、学術、文化、科学技術と、いずれを見ても人の精神活動をあつかうことからきている。

人の精神活動をあつかうことから生じる性質として、たとえば行政の中立性の上にさらに教育行政の中立性が求められるし、大学自治の尊重等を必要とする。また、人を教育したり、研究の成果を得るための行政の成果の時間的なスパンの長さなどもある。これらはそれぞれに文部行政に固有の専門性を求める。

これら文部行政の固有の専門性にもとづくプロフェッショナリズムとは何であるのか。その特性を検討したい。

[第一節]　文部科学行政の固有性

さて、文部科学省の行政の固有性をかたちづくる原因となるのは、主として文部科学省の行政目的の性格からくるのであるが、そもそも、政府を構成するとき、行政事務を各省に配分するにあたって、どのような基準で分類するかが問題になる。

国家行政組織法では「国家行政組織は……明確な範囲の所掌事務と権限を有する行政機関の全体によって、系統的に構成されなければならない」としている。この所掌事務の配分に関し、学説として種々の立場があり、中で、行政の目的による分類と行政の機能の特性による分類とに配分の基準を求める考えがある。ここで、目的によるか機能の特性によるかというとき、統治をチェックする立場から、目的が優先されるべきであるとされる。(注1) 実際に、文部科学省の行政事務としては、教育の振興、生涯学習による人材の育成、学術、スポーツおよび文化の振興、科学技術の振興、宗教に関することが任務とされ、(注2) それらが行政目的であるといえる。この目的をみれば、各省が産業、財政、建設などというように物を対象とするのと異なり青少年の人格形成をはじめ「人」を対象とし、かつその人の「精神作用」を対象とするといえる。

この、行政の目的から自ずと機能の特性が現れてくる。そしてその機能の特性に応じた専門性が生じてくる。かくして、専門性に応じた文部科学行政のプロフェッショナリズムが生じてくるのである。

ところで、プロフェッショナリズムという場合、通常行政官庁の中の専門行政を掌る、いわゆる専門職だけの問題ととられることがある。ゼネラリストとしての一般行政官がになう行政は、他の省庁と共通するものであり、各省固有の特性がないと考えられるからである。しかし、文部科学省固有の目的をもち、それが人の精神作用を対象とすることからくる特性は、およそ文部科学行政全体の問題である。文部科学省全体の一般行政集団すべてにわたる特性に応じた専門性が発揮されなければならないのである。

ここで、「文部科学省とプロフェッショナリズム」を検討する本稿では、いわゆるゼネラリストとしての一般行政官を含めた文部科学省の全体を通ずるプロフェッショナリズムからみていくことが必要となる。

[第二節]　文部科学行政の枠組み

文部科学行政におけるプロフェッショナリズムは、いわゆる専門職だけの問題ではなく、およそ文部科学行政自体が固有の専門性をもっており、このため、上述のようにいわゆるゼネラリストを含めて文部科学行政全体を通じて求められるプロフェッショナリズムがある。専門職のプロフェッショナリズムについては後半で見ていくこととし、ここではまず、この文部科学省全体を通ずるプロフェッショナリズムを検討しよう。

[1]——各省庁共通のプロフェッショナリズム

さて、行政とは、権限に基づいて国家目的を実現することで、どの省庁にも共通の作用であり、それゆえ行政官のプロフェッショナリズムは、一次的にはどの省庁にも共通する。この点、文部科学行政においても、行政目的の実現のために法律による行政の原理が要請されるとか、公務員制度や行政組織法に枠組みされるとか、行政の政治的中立性に配慮しなければならないとかの行政のプロフェッショナリズムは他の省庁と全く同様である。

また、法制局と議論を交わしつつ法案を練り、財政当局と折衝して予算を編成し、省内の関係部局と調整しながら行政文書を作成し、記者クラブに発表したり政策案のリーク合戦をしたり、はたまた大臣式辞を代読したりというのも、それぞれ、リーガルマインドや技術的、職業的トレーニングや研修を要するプロフェッショナリズムである。

さらにまた、政策実現のために、大衆の要請を量り、政治と関与し、議会と調整を行い、プレッシュアグループスと駆け引きを行い……といった政治手段を駆使する手法も、ほかの省庁と共通する専門性である。

しかし、文部科学行政のプロフェッショナリズムを見ていく本稿の趣旨からは、これら各省に共通する専門性を分析、論考することが目的ではない。そういう、行政官全体に共通するゼネラリストとしての専門性を内包しつつ、他方では文部行政固有の特性があり、そういう別の次元からのプロフェッショナリズムが要請される。

〔2〕――文部科学行政の固有性

それでは、文部科学省の行政の固有性とは何か。それは、先にもふれたように、行政目的が人間を対象とし、かつ、精神作用を対象とすることから来るものである。

行政で人間を直接の対象とするのは、たとえば厚生労働省で、福祉や医療行政や、労働者の労働関係を対象とするなど他にも例がある。これに対し、文部科学省の行政対象の際だった固有性は、その人間の「精神作用」を対象とするところにある。

そのような精神作用は、個人の内心の自由を基本とし、外部、とくに権力の側からの介入を排除する特性をもっている。文部科学省の行政対象は、憲法の基本的人権として規定される思想・良心の自由、信教の自由、表現の自由、学問の自由など、およそ自然法に基づく天賦人権を行政対象とする。これらの権利は、個人の内心に関することで絶対の自由であり、権力による干渉は許されず、権力により強制ができない。つまり、およそ行政が能動的に何かをすることを拒否されている事項であり、文部科学行政は、行政を拒否されながら行政を行うことを求められている分野を担当している。

〔3〕――文部科学行政の枠組み

このような特性から文部科学行政については、法律が種々の特例を定めている。つまり文部科学行政には、特別の枠組みが作られているのである。

法律上の特例の規定や仕組みを見ていくと、まず第一は、教育界で激しい抗争を呼んだ教育基本法第一〇条が教育行政に特有の規定である。教育は不当な支配に服してはならないこと、とくに教育行政は「諸条件の整備確立を目標として行われなければならない」という規定が、特色を端的に示している。この規定を巡っては、最高裁判所まで争われ、[注3]教育界で外的事項と内的事項として論争された。最高裁の判決で行政は内的事項にも権限をもつという決着を見たが、なお今後とも、当事者に慎重さが求められ、一般の行政とは異なる教育行政の専門性が要求される事項である。

第二に、文部科学行政の特殊性を示すものとして異例なものは、地方行政おける教育委員会制度である。教育委員会制度は、教育行政の地方自治を進めるとともに、教育行政の中立性を確保するため、独立の行政委員会という組織に任せるという考え方を採用した。そもそも教育関係の法律で学校や社会教育の政治的中立の原則が種々規制された。したがって、このような教育の場を直接管理する教育行政の組織と運営にあっても政治的中立の原則は貫徹されなければならないのである。そのため、党派的に偏りがちな独任制の知事や市町村長の執行権を避け、中立を守る合議制の機関として教育委員会という行政委員会制度を導入したのである。

第三の文部科学行政の特性は教育委員会制度とならんで、学校教育法、教育公務員制度や私学制度に見られる大学自治、私学自治の制度である。

法は、学校教育法で教授会の制度を設け、また教育公務員特例法で人事や身分保障を定め、大学自治の制度をみとめる。このほか、いわゆる学園紛争の際、大学の教育、研究機能の停止について、臨時の審議会を設けるなど慎重な手続きを定めた。通常の行政機関であるならば、機能不全に陥ればごく普通の決定で、その存廃が定められるのであろうが、大学行政はきわめて慎重な手続きを要求する。また大学教員は公務員でありながら、たとえば政治的行為について、政治学の教授が現行の政策の不合理性を指摘することも違法性を阻却されるとする。政府に雇用される公務員がその政府の政策を批判し、あるいは反対することも許されるのである。(注4)

私学についても、私立学校法を設けて、その自主性を重んじ、私立学校に関する行政庁の権限を限定するなど、私学の自治を確保している。

〔第三節〕　一般行政を含めたプロフェッショナリズム

以上に見てきたように、文部科学行政には、その行政の目的から、多くの特例法が設けられ、この特例の枠組みに沿いつつ行政の目的を達成することが期待されている。

この期待に応じるためには、特別の機能特性が必要であり、それが文部科学行政のプロフェッショナリズムといえよう。この職務の特性に応じた、プロフェッショナリズムの分析は、経営管理学的な、あるいは行動科学的な手法が必要なのであろうがそれは本稿の能力を超えている。ここでは、前に述べた種々の法令のめざす行政の目的やその実現のために組まれた行政の枠組みを整理しながら再掲し、それに応じる機能の特性の主たるものをプロフェッショナリズムとして掲げるにとどめたい。

［1］――教育の中立性の実現

文部科学行政のまず第一の機能特性は教育の政治的中立性を積極的に実現するという課題である。もちろん、他の省庁においても行政の政治的中立性が求められる。しかしこれは公務員が守るべき消極的な制約である。そのうえに、文部科学行政では教育の政治的中立性を保ち、「時の政治権力からできるだけ独立」し、教育は「時の政治権力に従属することなく自由な立場から政治を批判する自由を認める」とされる。(注5) つまり行政の中立性は公務員の行動を制限するものであるのに対し、教育の政治的中立性は、むしろ教育の自由を保障しようとするもので、教育行政においては、その相違を認識し、教育の自由を積極的に守る法感覚が要請される。ここで、教育の現場に対する干渉を避けつつ支援し、そのことによって、教育の成果をあげていくというプロフェッショナリズムが求められる。行政の対象である人々が教育、研究、文化というような精神活動を営み、それが創造的独創的にいきいきと発展するためには、通常の行政のように上から許可し、指示を与えるという手法でなく、知的な環境を整え、インセンティブをあたえつつ、可能な限り自主性をどう確保するかということが、文部科学行政に求められるプロフェッショナリズムなのである。なお現実には、教育の現場を保護するばかりでなく、政治的主張で、厳しい抗争が生じることもあり、現場での政治的中立性の確保に、関係者の自制が求められる。その点についての毅然たる態度も教育行政には必要となる。中立性を保障し、同時に中立性を確保する努力を求めるめりはりが必要となるのである。

地方教育行政でも教育委員会が設けられた趣旨をどう生かすか。また教育行政の中立性を維持しつつ党派的になりがちな住民の声をどうとりいれるか。あるいは知事や市町村長が直接に関与できないもどかしさにかられている、それらの要請の真意を教育行政でどう生かすか、そういう行政の練達のプロフェッショナリズムが、今、地方でも問われている。

〔2〕——大学の自治、私学の自治に対する理解

第二の機能特性は、大学の自治、私学の自治を守るということであり、この特性は一言で言えば、行政の対象でありながら、その関与を排除するという性格を持っている。つまり、大学の場合、行政責任を問う公務管理の指揮命令権が断ち切られた仕組みの中で行政を執行しなければならない。

とかく、この関係においては直接に管理できないため、財政・予算・助成金等によるコントロール、あるいは大学の許認可等の機会に指導権を発揮するという傾向などがある。こういう困難な行政の執行においては、経験則に基づく独特のプロフェッショナリズムを発揮するよりほかはない。いろんな

手法があるが、経験則に基づけばつきつめたところ行政と大学や私学との信頼関係につきる。相互に相手の主張や要請を理解し、政府としては的確な情報を提供しつつ大学や私学の側の自由な活動の発展を促し、大学側としては、社会や政治が何を求めているか、それを行政がどううけとめているかを測り知る。そういう相互理解のなかに行政過程を展開する力量がプロフェッショナリズムといえよう。

この過程は外交と似ている。国際関係は基本的に権力関係でなく、対等な当事者が協議と調整を重ねながら秩序を形成していく。そこに良好な相互関係ができれば外交の成功である。関係者が納得しつつ政策が展開し、社会が期待する大学教育や私学の発展が招来されれば、行政の成功なのである。

[3]――計画行政の長期化

今までの説明のように法律上の特別の規定や、行政の枠組みの上で明らかにされているわけではないが文部科学行政で第三の機能特性は、その過程の時間的スパンの長さである。通常、教育は百年の計といわれるが教育や学術の成果が出るには数十年の時間が必要である。一般行政では、公共事業の多くは、完工されればその時から成果が現れ、生産や通商、財政や金融の政策効果は数か月、長くても一年単位で効果は評価できる。これに比べ、人の教育は人間形成の問題であり、一生をかけての評価となる。ジャーナリズムなどで、教育政策の成否を議論することが多いが、遠い以前の影響を今日の行政の成果と混同したり、また短兵急に教育の成果を議論することがあり、これは危険である。それだけに、長期的な計画行政にプロフェッショナルな能力が期待される。人材養成計画、高等教育整備計画などすべてこの種の計画行政に特性が期待される。

行政の展開のスパンが長いため、外からみた場合、文部科学省の行政対応に鋭利さがかけるようにうけとられることが多い。こういうときでも泰然自若として、社会や政治の側からの非難にたえることも、時にはプロフェッショナリズムである。もちろん、だからといって、専門性の砦に逃げ込むことはぜひとも避けなければならないことである。

医師養成の計画を大学学術局医学教育課長として実行した立場で、この文部行政固有の計画行政のスパンの長さと社会や政治とのずれを身に染みて経験した。

一九六〇年代に保険制度がひろがり、爆発的に患者が増え、医科大学の創設が始まり、無医大県解消が大きな課題になってきた。列島改造の風も吹き、各県は医大誘致のプロジェクトに奔走した。当時の文部省としては、当面は医師の数が少ないことは事実であるが、ドイツ等で行っているように既存の医学部に定員増を行い、将来また養成数を減らすべきであること、とにかく日本国中の全県に医科大学を作ることは無謀であること、今入学する学生が医師となる二一世紀のはじめには医師過剰になることが明らかで、それが新たな問題を起こすことなど、長期的な資料を提示して関係者を説得したがむだ骨であった。国会では与党野党を問わず、内閣も総理以下、また外部社会も、きく耳をもたなかった。当時、二〇年の後をにらんだ計画数値という長いスパンの養成計画のあり方に、それをだれ一人聞き入れようとはしなかった。今日、予想されたように医師養成過剰で、いかに減員するかに腐心するという無駄を招いている。行政という公的活動は多くの場合、政治や社会の要請の土足の下に服せられることも少なくない。そういう場合、専門分野に伴う行政手法に外部の理解を得、社会や政治の選択との共同作業をいかに行うかということも重要なプロフェッショナリズムの一つとなる。

[4]――管理行政から指導行政、情報公開によるチェック機能

文部科学行政の第四の特性は、管理行政から指導行政への転換である。管理よりは指導をということは教育の中立性や大学、私学の自治を尊重する立場からも当然である。文部科学行政が人間の精神活動を対象とする以上、指導は重要な行政手法で、米国教育使節団が「中央官庁すなわち文部省の役割は……指導と刺激と激励の機能を行ふべきである」(注6)としたところより、管理、監督行政から指導行政へと、文部省の姿勢は一変したのである。ただ、現実には残念ながら、その後長らくの間文部省と教職員団体の間でイデオロギー闘争が行われ、学校管理には、法的権力関係が前面に出てしまわざるをえなかったのである。戦後たてられた文部行政の枠組みは、基本は指導・助言関係の組み立てになっていたところ、東西冷戦体制の険しい政治状況の下で、教育行政に大きな歪みができたのはまことに不幸なことであった。

ただ世紀の転換点の今、幸いなことに外部環境は一変した。情報革命下の行政は大きな改革を迫ら

れ、それを背景とする規制緩和が、国民自身の判断や相互牽制で、公共の福祉を実現する仕組みに転換する。権力行政が大きく退くのが、情報化社会の規制緩和に代表される行政改革の仕組みである。その間にあって管理行政も劣化し、権力行政から指導行政に重点が移ろうとしている。文部科学行政もいま従来の管理行政から新しい指導行政に転換し、そこでどうプロフェッショナリズムを発揮するか期待がかかっている。

〔5〕——思想、哲学に裏づけられた行政

文部科学行政が、人間の精神活動を対象とするものである以上、その行政自体に思想性や哲学が必要とされる。これがとくに最後に付加したい格別のプロフェッショナリズムである。本来、米国使節団報告書でも指摘したように「教育制度は、個人の価値と尊厳を認めることが基になる……」(注7)。このためにも、教育行政自体の担い手に広い知識と道徳、思想が求められる。そういう教養が教育行政のもっとも重要なプロフェッショナリズムともいえる。戦後の混乱期の一九四六年に米国教育使節団を迎えた文部大臣安倍能成は、訪問に対するわが国の受入れの態度を堂々と表明している。

「この希有な幸福な機会を利用して、外交的、社交的儀礼の詞でなく、率直にして飾なき心からの詞を交換せんとする私の願は、又諸君の諒とせられる所だと信じます」とはじめに述べ、たとえば「諸君の注意を願ひたいこと」として、「異国の文化や教育が国際性と同時に国民性を尊重しなければな

らぬのは明白なことであります。……国民の中に生きている伝統の特異性は尊重せられねばなりません。この意味においてアメリカが、アメリカ的見地を以て簡単に日本に臨むことのなからんことを願ひます」（注8）と、勧告の受入れに毅然と注文を出している。この言葉をのべる前に、教育や文化の普遍性と個性の関係をのべ、それを前提とした発言であるが、文部科学行政にはその行政の目的の精神性に応じた見識が何よりも求められる。

安倍能成の場合、自らの見識に対する自負が、あの敗戦時のわが国でもっとも劣勢な地位に立たせられていたその時でも、戦勝国の使者に対し対等に渡りあえたともいえる。その意味で、文部科学行政の第一のプロフェッショナリズムとは、教養による矜持であるといえるのであるかもしれない。

以上のように、教育の中立性、大学の自治、行政過程のスパンの長さ、指導行政、行政の思想・哲学などを文部科学行政のプロフェッショナリズムとしてかかげた。このようなプロフェッショナリズムを求める行政のあり方は、主として人間の精神作用に目的をおく文部科学行政の格別のもので、精神作用の自由と統治を受けるものの自治や主体性を重視する点、他の省庁で展開されている一般行政に比べて特異なように見えるかもしれない。

しかし、考えてみれば一般省庁の行政目的も、所詮つまるところ人民の幸福追求がその目的であると言える。その人民たる人類とは、学名でホモサピエンスといわれ、知の存在という意味を語源にする。知恵すなわち人間の精神活動の充足が究極の願いであり、その充足を目的とする行政は、およそ行政一般の究極のねらいであるといえる。特異なように見える文部科学行政が、およそ人々の幸福の追求という行政のもっとも基本的な究極のあり方であり、文部科学行政のプロフェッショナリズムを追求することが、わが国行政一般のプロフェッショナリズムの示唆となるともいえる。

〔第四節〕　専門職のプロフェッショナリズム

文部科学行政では省全体として固有の行政目的をもっており、このためいわゆる一般行政官を含めた行政集団が、他の省庁と違った専門性を必要としている。つまり文部科学行政全体を通じてのプロフェッショナリズムがあり、その状況は前にみてきた。このほかに、文部科学行政におけるプロフェッショナリズムは、それぞれの領域の専門家からなる、いわゆる専門職集団にも固有の側面がある。

〔1〕——専門職の職務

まず、そういう専門職の具体例を挙げると、学校教育、社会教育、保健衛生、体育、学術、文化、文化財等と各般にわたっている。平成一三年度の中央官庁再編成の前でいえば、文部省および文化庁の本庁舎に勤務している者約一九〇〇人の中で、列挙すると、教科書調査官が約五〇人、教科調査官が約六〇人、文化財調査官の約五〇人が大きな集団である。これらの専門職はそれぞれ、教科の専門または文化財の専門領域を占め、専門領域の行政をルートにのせていく使命を帯びている。そのほかに、視学官、学術調査官、社会教育官、体育官などがそれぞれ数名または十数名いる。これらの職種は、それぞれの領域の純粋の専門家の場合もあり、教授や研究者が併任の場合もあり、あるいは一般の行政官が、人事の都合で席を埋める場合もある。他方、係長や専門職員という名称で専門職の機能を果たすものもあり、現実の行政集団の構成は、複雑を極める。専門職の構成は、ごく概括的なものということを前提に論を進めよう。

いずれの専門職も、本来は専門事項に関する調査、指導、助言などが仕事である。これらは一見、政策の利害関係や政策選択に迂遠なように見えるが、実は職務の過程で、たとえば学校の教育課程の基準の構成をきめるとか、大学の学部の発展分野の方向に示唆を与えるとか、巨大科学の予算の構成を決めるとかと政策選択に関与することが少なくない。その意味では、一般行政官の行政集団と同じ責任をもち、同じ義務を課せられるといえよう。まず、専門職といえども、上のように行政を行うのである以上、一般行政集団と同様、教育の中立性の実現、大学の自治に対する理解等の文部科学省の機能特性に応じたプロフェッショナリズムは、ゼネラリストと同様に重要である。

このような、一般行政集団と同様のプロフェッショナリズムを発揮しつつ、なおその上に、専門職集団固有の事情に基づく課題がある。二点にわたって指摘したい。

［2］――没主観性の確立

その一は、とくに専門職はその職務執行上、ことのほか、自分の専門領域をこえた広い立場の客観的判断、とくに没主観性が求められることである。

その理由は、本来専門職は専攻の領域の専門でありながら、その専攻を越えた職務をせざるを得ないこと、独任的な立場で職務にあたらねばならないこと、および独りが長期間そのポストを占め・行政的判断や手法に個人的偏りがでる恐れがあることによっている。

たとえば、教科調査官は、六〇人と多くいるように見えるのであるが、国語、社会、理科等の教科にわたり、小・中・高等学校にわかれ、さらに職業学科の各科目等の広がりを考えると、各調査官の所掌する領域は、相当広い。どの調査官も、個人的には専攻する分野の偏りがあり、それを越えて職務を行うことになる。したがって、専門職といっても、たとえば物理の専門家が化学や、地学の分野も含め広い分野を分担しなければならないのである。大学や学術の分野を担当する専門家の場合でも、よくいわれるようにアンソロポロジーからズーオロジーまでに広がり、すべての専門家を網羅することは到底不可能である。とすると、行政における専門家というのは、個々の領域の専門家たることを求められているのでなく、それぞれのディシプリンにおける考え方のアクセスを理解できる能力があるか否かを求められているのである。とくにある専攻の分野に固執する専門家は不適であり、弊害をもたらす。専攻や利害にとらわれない客観的でかつどの分野にも公正な立場の判断力が必要となる。専門の思考や方法論の系についての客観的なすなわち没主観的な判断力が求められるのである。

ここで、専門職といえども、現実の利害にまきこまれることも多い。たとえば、教科調査官の仕事で、それぞれの教科・科目の専門家集団や、教材産業、特定領域の職種団体等の要望や、利害が渦巻く場合がある。その場合、学校全体としての教育課程のあり方の客観的な認識、自分の担当する教科の位置づけ、自分の専攻する科目や専攻領域にとらわれない調整を、それらを、ほとんど一人で選択し、基準化しなければならない。もちろん、各教科別に、外部の協力者からなる会議を構成するが、実はその人選も、教科調査官が自身でお膳立てする場合が多い。自分が固有の専攻領域をもちながら、その領域にとらわれないで、広い立場から担当する教科のカリキュラムの基準を作成するというプロフェッショナリズムが要請されるのである。

とくに専門職は、官庁組織の中で没主観的な仕組みにならず、個人的な判断や本人のキャラクターに偏りがちにならざるをえない傾向になる。

なぜかというと、一般職の場合においては、職務体系として複数の人間がチームを組んで担当するのが常であり、そして二、三年の短い任期で人事異動で激しくかわる。これには、仕事に対する責任の所在があいまいになるなど多くの問題があるが、少なくとも、組織は個人の特性や特質に左右されることなく、没主観主義が確保される仕組みになっている。これに対し、専門職ではその体制が取り得ないのである。専門職はその専門領域に独りで当たり、その専門の仕事を理解する能力のある人が省内にただ独りという場合も多い。かつ専門職の場合、結果的に独任で、かつ任期が長いという傾向に陥らざるを得ないのである。人間として、主観的な傾向が出るのは避け得ないが、そのうえ、専門家というのは単独で職務を遂行せざるを得ない仕組みになり、かつその任期が長いため個性が出やすく、これらを克服して客観的な立場で職務を運行するプロフェッショナリズムが要請されるのである。

この個人性のため、専門職は、その評価において毀誉褒貶が起こりやすいのである。

潮木守一著『ドイツ近代科学を支えた官僚』はフリードリッヒ・アルトホーフという希代の学術官僚が「二五年間、プロイセン文部省の中枢にあって、プロイセン邦ばかりでなくドイツ全体の科学研究の推進に重大な役割を演じた」事情を活写している。彼は「『高等教育の専制君主』とも、『ノーベル賞受賞者のゴッドファーザー』とも称された」。専制的な教授人事もあると非難されたりもした。「多くのものが感謝と称賛の言葉を送ったが、その反面、非難、誹謗、憎悪をも集めた」(注9)。

つまり彼は学術行政の専門職であり、当時「イギリス、フランス、ロシアという列強に対抗し、さらに台頭著しい新興国家アメリカに対抗して、ドイツの大学を強化し、その研究水準を高めることが、彼の課題であるとともに、責任であり、使命ともなった」(注10)。アルトホーフの行政手法には功績も多かったが、主観的な面も強く出たというべきで、専門職にはそれでなくとも単独の官僚の判断に政策選択がかかる傾向が強く、しかしそれだけに厳しいプロフェッショナリズムとしての没主観性が要請されるのである。

[3]―――イデオロギーからの中立性の確立

専門職に要求されるもう一つの課題は政治的中立性の配慮である。

文部科学行政では、先に述べたように、教育の中立性についての配慮が要求されるのであるが、行政官としてのイデオロギーからの中立性が、とくに専門職に求められる。なぜなら、専門職は第一線で、教育の現場や、人々の集会で文部科学省の顔として直接ふれる機会が多い。そのような場合、とくに戦後、東西冷戦構造を背景として、イデオロギー的な対立が生じたことが少なくない。五五年体制下で、特定の政治的主張が公的な集会の場で論戦を展開したこともあり、専門職がその矢面にたたされることもあった。

もともと、戦後改革は「教師の最善の能力は、自由の空気の中においてのみ十分に現される。この空気をつくり出すことが行政官の仕事なのであって、その反対の空気をつくることではない」(注11)とされた。こういう趣旨を体して、文部省には「統治的また行政的権力をもたぬ、感激と指導を供与する、相談役と有能なる専門的助言者の制度を設けなくてはならぬ」(注12)とされ専門職はそういう職務を期待されたのであった。

ここで、教育行政を執行し制度を維持し、学校等の営造物を管理するために法的な問題や、管理問題が必要なことはいうまでもない。しかしそれは法科官僚的な管理行政に任せ、専門職によって行われる指導行政は非権力的な指導、助言に限定するという行政上の仕組みがぜひとも必要となる。管理行政的な問題についての指導は、かえって、いわゆる法科官僚による指導より、専門職による方が厳しくなる傾向がある。

とくに昭和三〇年代以降のイデオロギー対立は、国家的な政治選択ののっぴきならぬ抗争の時代であったため、まことにやむを得ない状況であったが、文部行政全体が教育や指導方法の技術的専門性より、法令解釈、指揮命令関係の強化に傾斜せざるをえず、一種の法科官僚の復活がなされた。それとともに、専門職による法科的行政手法の指導となり、それがそういう課題についての非専門家であるだけに、かえって厳格になる悲劇をくり返した。今日改めて、戦後に導入された指導行政の復活を図り、その指導行政を展開する専門職のプロフェッショナリズムとしてとくにイデオロギーの中立性について配慮する必要がある。

＊

以上に述べたように、文部科学行政は人を対象とし、かつ、その精神作用を対象とするため、行政として教育の中立性を守り、大学や私学の自治を尊重するなどが求められ、またとくに専門職職務の没主観性や、イデオロギーの中立性が重要であることを検討した。

このようなプロフェッショナリズムが今後行政の展開で必要なことはいうまでもないが、今日急速に展開する情報革命は、過去の政治や行政のあり方を一変させようとしている。教育行政もこの方向に大きくシフトせざるを得ない。そしてこれは従来の行政のあり方を根底から変えようとしている。

つまり、情報化社会は、古い伝統的な縦の権限のパラダイムをネットワークによる水平組織に置き換え、支配と統治の関係よりも、人民主体の共同の意識に置き換える。そこでは、中央政府が制度、基準、管理、認可のすべての権限を掌握し、規制するような体制は減衰する。もちろん一部の外交、警察や統治活動は残るのは当然であるが、教育、学術、文化など、文部科学省のうけもつ多くの分野は統治よりも情報による行政が主流となる。かくて二一世紀には統制や規制による行政は縮小され、情報を国民に公開して、その国民の判断で行政の目的を達成することとなる。

こういう時代の文部科学省行政のプロフェッショナリズムは、従来と比べて激変する。つまり、いかに信頼される情報を提供するか、学習に求められるノウハウをどう提供するか、文化の専門サービス情報をいかに整備するかなどで専門性が問われることになる。

もとより学校制度の基本を維持し、育英奨学や科学研究の費用を確保し、巨大科学の推進を図ったりあるいは義務教育の義務を確保する行為は残るなど教育における統治行為は残ることは否定できない。しかし、それらの権限に基づく行政は、文部科学省の主たるプロフェッショナリズムではない。

二一世紀の文部科学省行政のプロフェッショナリズムの核心は、情報を提供し国民による自主的な選択や自由な選択で強制されないサービスの享受を確保することであり、そこにおけるプロフェッショナリズムに国民の期待が寄せられているのである。

注

（1）吉富重夫『行政学』有信堂　一九五四年、一三八頁。
（2）文部科学省設置法第三条。
（3）旭川事件最高裁判決（『必携学校小六法』協同出版、二〇〇一年、六〇七頁）。
（4）文部事務次官通知「政治的行為の運用方針について」五、一九四九年。
（5）『コンメンタール　教育関係法』日本評論新社、一九五八年、四一〇頁。
（6）文部省調査普及局『米国教育使節団報告書』一九五二年、一二頁。
（7）同右、九頁。
（8）安倍能成「米国教育使節団に対して（あいさつ）」文部省総務課『歴代文部大臣式辞集』一九四六年年、四六九頁。
（9）潮木守一『ドイツ近代科学を支えた官僚』（中公新書）一九九三年、二頁。
（10）同右、二〇〇頁。
（11）文部省調査普及局、前掲書、五頁。
（12）同右、二八頁。

※初出＝「日本教育行政学会年報」（第二七号・二〇〇一年一一月）

第四章　未来社会への禍根――わが国の教育、研究環境の現状と問題点

1991

はじめに

わが国の教育、研究の環境条件の悪化が問題になっている。

その原因を分析すると、昭和五〇年代の財政再建の時期に国の歳出予算が抑制されたことによっている。その間、本来の教育政策としてはベビーブームを迎え、量の拡大を図らなければならないという事情にあったため大きな歪みを生じることとなった。

ある時期に人材養成や研究の基盤が弱体化するとその国家、社会の体質全体が長期にわたって脆弱化する。とくに高度情報化社会においては科学技術が社会の基盤となるので、今日の教育、研究の衰退は知的資源の欠落をもたらし、社会発展の源泉を失うこととなる。同時に国際社会に生きて行く国家としての威信も維持できなくなる。

教育、研究に従事する当事者の努力や責任、いわゆるアカウンタビリティを期待しなければならないが、何よりも、社会資本の拡充と同様、教育、研究環境の整備、充実を国家社会発展のインフラストラクチャーと考え、一種の資本ストックとして抜本的な拡充が要請される。

［第一節］　衰退の原因

〔1〕——文教、科学振興費の抑制

大学を中心とする教育、研究条件の悪化の原因は**図4・1**に明らかなように、昭和五〇年代の財政

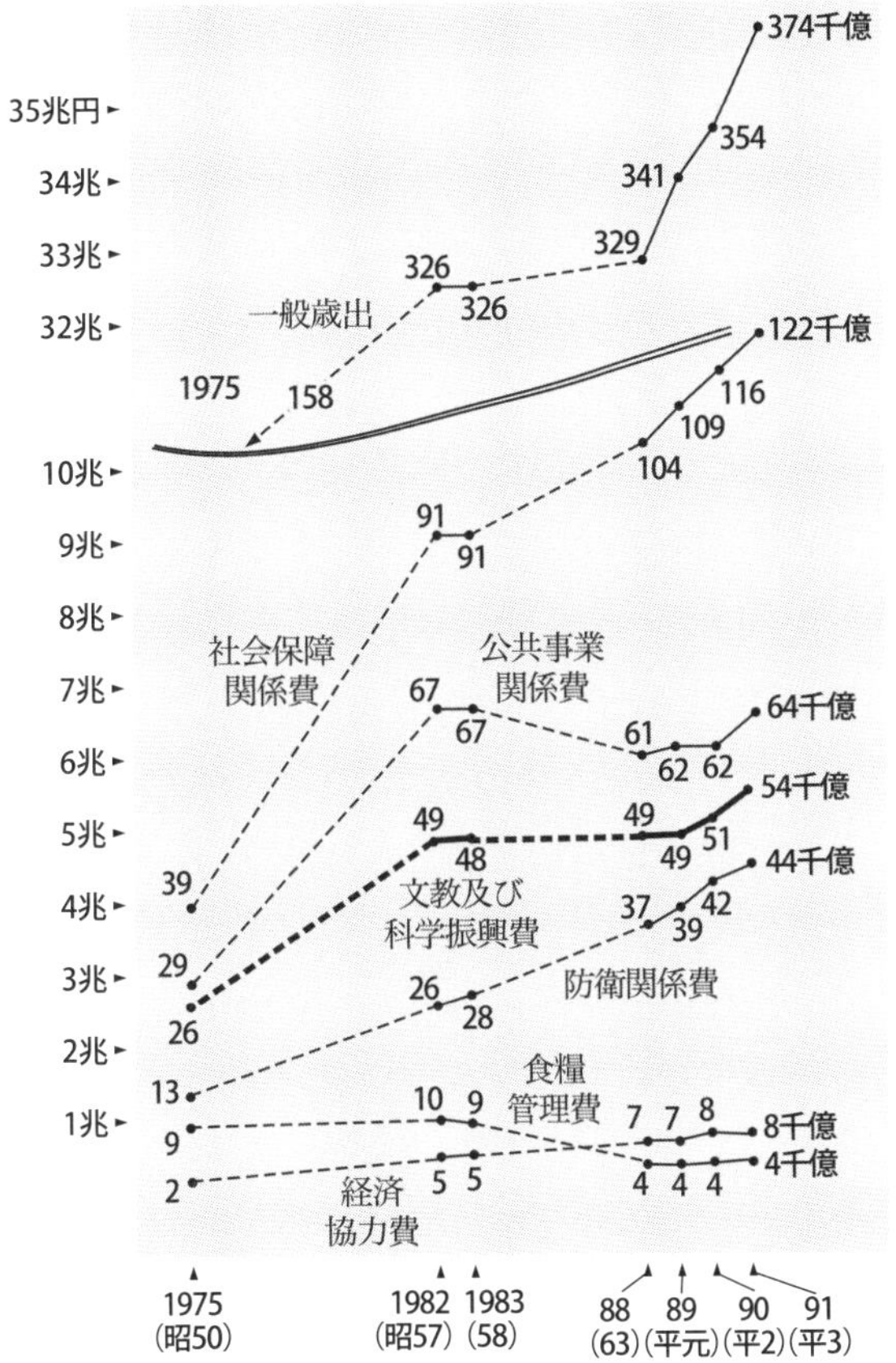

図4・1　一般歳出予算及び主要経費別の予算額の推移

における文教及び科学振興費の歳出抑制によっていることは否めない。

この歳出抑制は、昭和五七年（一九八二）、第二次臨時行政調査会の「増税なき財政再建」のかけ声で始まり、政府予算のいわゆる一般歳出抑制が続き、文教及び科学振興費も前年同額で推移したもので、インフレ率を考慮すれば実質的マイナスを意味した。

この時期の状況は、当時の鈴木善幸総理が、いわゆる財政の非常事態宣言（昭和五七・九・一六）において「教育、福祉など平常の時であれば維持したい経費についてさえ、その水準を取りあえずは見直さざるを得ない場合も出てまいるかと思いますし、受益者に相応の負担を願うこともあろうかと存じます」と述べた言葉に端的に表現されている。(注1)

赤字の続く財政の非常事態において歳出抑制はやむを得ないが、しかし「緊急の外科手術(注2)」としての施策がそのまま継続するとき、諸般の施策に歪みが生じる。中でも教育、研究関連の条件整備が悪化している今日の問題はゆるがせにできないところまできている。

［2］――第二次ベビーブーム

真に不幸なことに、丁度この財政緊縮の時期から教育政策は量の拡大を図らなければならない時であった。第二次のベビーブームに遭遇していたからである。学齢者数が、一五〇万人から二〇五万人まで急増した時期である。急増は中学生年令で昭和五五年（一九八〇）、高校入学時では昭和五八年

（一九八三）であった。

この時期、中等教育にとって教育条件は急速に悪化し、過大規模校、教員当り児童・生徒数等、データを示すことはしないが、悪くなるばかりで、プレハブ校舎も各地で見られるようになった。何よりも同一世代の員数が増えたことによって少年達の上級学校進学の競争条件が厳しくなり、一種のパニック状態になった。登校拒否、校内暴力、自殺等が続き、教育の危機、学校の荒廃と言われ、教育改革のための臨時教育審議会が設けられたのはまさにこの時であった。当時、専ら教育行政や学校だけが弾劾の場に立たされたが、その真因は団塊の学齢児童・生徒数であった。

なお、第一次のブームの世代では大学生になって学園紛争を起こしたが、第二次世代は早熟で、中等教育で社会問題を起し臨教審を設けさせ、教育改革をせまったといえる。

ベビーブームの時期に、せめて通常のペースならともかく、歳出の抑制策をとらなければならなかったのは不幸なことであるが、今、大学を中心とする教育、研究条件の悪化は、その不幸な時期の波が大学に寄せてきたことを現わしている。

[3]——進学率の抑制

予算の抑制とベビーブームという二重の負担のしわよせを今課せられているのが高等教育であるが、その一つの表れが大学進学率の停滞である。

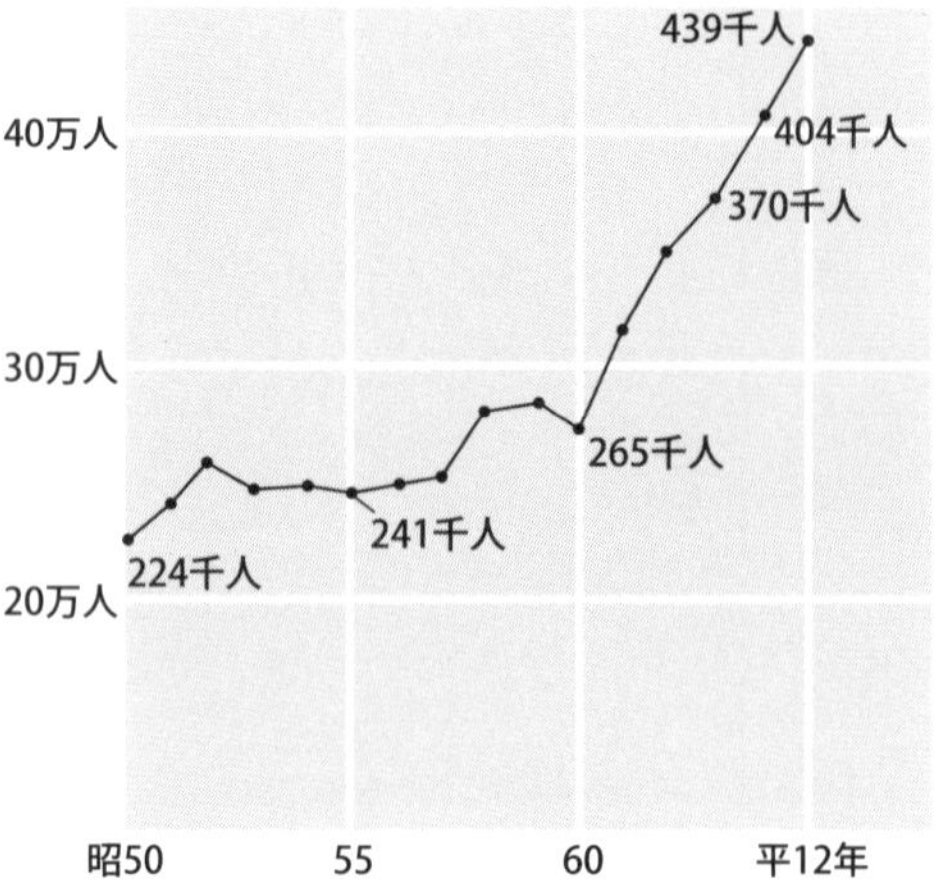

図4・2　大学・短大に合格できなかったものの数

大学、短大志望者数（浪人を含む）から入学者数を差し引いた員数（実数）

大学審議会答申「平成5年度以降の高等教育の計画的整備について」（平成3年5月17日）参考資料「高等教育への進学状況の推移」より作成

今日の社会の高度化や国民生活の豊かさ等により、大学へ入りたいという志願率が上昇しているのにも拘らず進学率は昭和五一年以降増加していない。このような抑制策は文部省の高等教育計画による結果であるが、その背景は、私学助成や国立大学財政の拡大を避けようとする歳出抑制にある事は否めない。

その結果、一八歳人口の絶対数の増大ともからみあって、希望しながら大学や短大に進学できなかった員数は、この一五年間に二二万四千人から四三万九千人に増えている。**図4・2**にそれを示すが、浪人として一年を待つか、進学自体を断念する怨恨の若者集団が倍増しているのである。

この矛盾は、特に大都会で顕著である。**表4・1**に示すように東京、大阪等で大学への進学率が、一〇%以上も縮減されたのである。もともと、東京等の進学率が高すぎるため、これを抑制するのは当然ではないかという意見もないではないが、ヨーロッパ諸国等から進学意欲が旺盛なことを羨

表4・1　都道府県別大学・短期大学への進学率の推移
顕著に進学率が低下した都府県（%）

区分	昭和50年度	昭和58年度	平成2年度	50〜2増減
全国	37.8	35.1	36.3	△1.5
男	43.0	37.9	35.2	△7.8
女	32.4	32.2	37.4	5.0
東京	61.5	46.6	45.3	△16.2
神奈川	48.5	39.7	37.2	△8.8
愛知	46.4	39.5	40.3	△6.1
京都	53.3	43.1	43.5	△10.2
大阪	52.3	40.6	39.4	△12.9
兵庫	47.4	42.9	43.5	△3.9
奈良	48.3	41.0	41.9	△6.4
和歌山	39.2	31.7	32.6	△6.6
鳥取	38.0	32.7	30.4	△7.6
広島	49.9	45.8	43.5	△6.4

大学審議会答申「平成5年度以降の高等教育の計画的整備について」（平成3年5月17日）参考資料「都道府県別大学、短期大学への進学率の推移」より作成

望されているわが国民性は、決して排されるべきでなく、本来の教育政策としては進学率の低い地域を持ち上げることはあっても、折角の向学心を抑制することはない。

近年いよいよ受験競争や学習塾等が教育課題になっているが、それは進学できない怨恨の若者を多数かかえ、特に大都会を中心に進学率の抑制のブレーキをかけたところに原因があることは明らかである。「偏差値偏重や受験競争という国民を苦しめている病気の原因」(注3)は、おし寄せるベビーブームを無視して大学への蛇口を締めたところにある。ここで特に大都会を中心として大学の新増設や定員増を抑止するのは、大学の規模の拡大を

抑えざるを得ない財政的事情とそれにもう一つ、工業等制限法等により大都会への人口集中や都市機能の分散を図ろうとするためのやむを得ない施策の結果である。いわば財政政策と都市政策の不都合の余波を受けたというべきものである。その原因を看過して、専ら入学者選抜のあり方等の教育政策の欠陥として論じることは、問題を本質的に解決せず、結果は国民が禍いを自ら背負うこととなる。

中教審等で改革の方策を検討しても大学入学者選抜や受験競争の社会問題が容易に解決しないのは、志願者の増加を前にしながら大学の門戸を拡げなかったところに一つの原因があるといえる。

〔第二節〕　現状の分析

〔1〕――大学生は多くない

大学の門戸を拡げることについては、わが国は既に進学率が高く、拡大する必要がないという考えがある。

一見進学率が高いことは確かであるが、これは短期大学を含めるため、一八歳間口が広いだけで、大学在学生数は多くない。

表4・2に示すように人口千人当りアメリカは二九・六人と多いが、日本の二〇人は、イギリスを上

表4・2　主要国における人口1,000人当り大学在学者数

	1984	1985	1986	1987	1988	1989
日本						
大学短大在学者	人	人	18.5人	19.2人	19.7人	20.3人
聴講生・研究生等を含む			18.9	19.6	20.1	20.7
通信制・放送大在学生を含む			19.8	20.5	21.1	21.6
アメリカ合衆国						
フルタイム在学者	29.9	29.6	29.5	29.6		
パートタイム在学者を含む	51.6	51.2	51.8	52.3		
イギリス						
フルタイム在学者	10.4	10.6	10.8	11.0		
パートタイム在学者を含む	16.1	16.5	17.1	17.4		
フランス		24.8	24.9	25.4	26.7	
西ドイツ	21.5	21.9	22.3	23.1		

文部省「教育指標の国際比較」平成2年版　P.19～22より作成

回るにしてもフランスや西ドイツより少い。つい近年までわが国女子の大学在学率はＯＥＣＤ加盟国の中で最低のレベルでさえあった。

経済、社会がこれほど発展した今日、高等教育の人口シェアが今よりもう少し増えても、不思議はない。

なお、特に大学院について言及すれば、わが国の大学院ほど希薄な存在はない。その質的な問題についてはいうまでもないが、量的にも圧倒的に少い（人口千人当り、大学院生、日本〇・六九人〈一九八九年〉、アメリカ七・〇五人〈一九八七年〉、イギリス二・二四人〈一九八七年〉、フランス二・八六人〈一九八八年〉）[注4]。大学院がこのような状況であることは、独創的、創造的な研究活動や高度な人材養成の基盤が弱いことを示している。

［2］――学生急減の問題

近い将来、一八歳人口が急減するので、これを見込んで、大学の規模は大きくすべきでないという考えがある。たしかに、これからは学生急減が問題になる時期であるが、実は今、大学教育のあり方に生涯学習への急転換が生じている。ライフロング・ラーニング、リカレント教育等と呼ばれる種々の教育機会を大学が提供することを求められ、この問題に取り組めば、まだ学生数は増えることになる。

大学を青年期だけの教育機関と考えるのは、外部の既成知識を取り込むことを主とした成長型の観念であって、成熟社会では大学は豊かな市民に学習の場を提供し、あるいは自ら創造し、開発する社会人や職業人を迎え入れる生涯学習機関に変わらなければならない。もちろん青年も迎えるが、ベビーブームの退潮を早く経験したアメリカやヨーロッパの大学は成人を数多く入れ、今日、なべて学生の四割から五割が成人になっている。学生というものには若者も居れば成人も居るというのが先進国の大学の常識である。

生涯学習というと、片手間の大学開放事業だけが思いうかべられるが、高度社会のオン・ザ・ジョブまたはオフ・ザ・ジョブのリカレント教育等には極めて専門的なものがあり、大学院を含めてリカレント型の生涯学習機関として大学をとらえ直す時、一八歳人口だけを基礎とする従来の高等教育の規模の想定は過去のものとなる。

そのために大学審議会は設置基準の弾力化や学位授与機構の創設等、新しい時代への脱皮を図る一連の答申を出し、改革が実行されているが、大学がこれにより変わるとそこに入って来る学生も変化する。

青年向き大学から欧米型の生涯学習型大学に転換するなら、これからの大学の学生数はむしろ一〇ポイントほど拡大させなければならない。

［3］——公的負担と私的負担

ここで、教育の拡大を行うなら政府の責任というよりは、受益者負担または民間の寄付等に依るべきであるという考えが出てくる。この考えについては、ここ十数年間議論が続けられている所であるが、公的事業に見る官僚的運営の非能率、公的組織に宿命ともいえる無駄、硬直性等を避けて小さな政府の実現に努力し、私的負担の領域でできるだけまかなわなければならないことはいうまでもない。

しかし、同時に教育、研究という分野については一定の範囲で国の財政的負担に期待せざるを得ない部分がある。この点、アダム・スミスが（レッセ・フェールを旨としたスミスすら）教育についての一定の国家の役割を述べていることは見逃せない。いわゆる「国富論」で、国家財政から支弁する経費として防衛費、司法費、道路交通機関を掲げ、ついで「教育と宗教教化の組織は疑いもなく社会全体の利益になるもののようであるから、その全社会の一般的貢納によってまかなわれるとして不当ではなかろう」と述べている。(注5) とはいえ、この経費は受益者負担か、自発的な寄付に依ってもよいし、「事によればその方が有効であるかも知れない」とも言っているが、スミスが社会全体の利益であるため教育は一般的貢納によることについて指摘したことは重要である。

教育、研究に国家財政が一定の責任を負うのは近代国家として当然であって、要はそのバランスがどうかということである。今、過去からの推移を見ても、国際比較においても、今日わが国の公的負担は均衡を失し、その故に教育、研究環境の悪化を惹起しているといえる。また、私学助成が減額されたり、国立大学のシェアが低下すると所得階層による進学の機会や専門分野の構成の偏りが生じることは避けがたい。スミスがいうように、「公的な教育施設を欠くと、世の中に需要があり、時流に乗り必要欠くべからざるもので当座のもの、少なくともファッション性のある学問や科学だけしか教えられなくなる」(注6) のは当然である。私学経営の基礎的な部分の助成や国立大学のシェアの確保というものは、これらの欠陥を生じさせないために必要不可欠といえる。およそ無用の用ともいうべき大学は、その存在を大きな立場から育てて行く度量の広い支援が必要なのである。中でも以下に見るように研究費については特にそうである。

[第三節]　研究費の減退

【1】——教育における公的負担の減退

大学における教育と表裏の関係にある研究費に対する公的支出の減退も甚しい。昭和五〇年度に二兆六千億円であったものが、六三年に九兆七千億円と順調に伸びているが、民間のシェアが圧倒的に大きくなっている。

国、地方公共団体負担は絶対額は相当増えているものの、民間シェアとの比率は、昭和四〇年代の三〇%から、昭和六三年度までに一八%に低下している。

もともとわが国の研究費は民間の支出が多く、政府負担が少いが近年それがますます低率化しているのである。

教育においても公的な負担を欠くと「時流に乗る」分野に偏るように、研究においては基礎研究が疎かにされる。わが国はどの国よりも基礎研究の比率は低い。公的負担の相対比の低さがこのような状態を招いたものと推測される。このような状態は、科学技術が社会発展の基盤をなすこれからの時代において次に掲げるような多くの問題をひき起こす。

◎追い付き型の時代の先進国の知識・技術の移入模倣が不可能となった今日、わが国自体として社会発展の原動力を失う。

◎先進諸国の一員として、自国の利害をこえて科学・技術の発展に役割を担うべき責任を果たし得ない。

◎経済摩擦、構造協議等の観点からも、又近隣諸国からも、基礎研究は平和的で反発なく歓迎され推進すべき課題である。

以上に掲げたような問題だけでなく、何よりも基礎研究等の発展は、個人や社会の利益だけの問題を超えて、国の威信の問題でもある。

再びスミスであるが、国家にはその「威厳の維持のためにも一定の経費が必要となる」(注7)ここでいわれている威厳は、主に元首の生活や宮廷維持費等を例示しているのであるが、現代社会では真理の探求や知的創造の活動等が国家社会のディグニティの問題といえる。ノーベル賞という、それ自体にはほとんど社会的に効用のない制度に国家的関心が持たれるのは、そこに諸国の威信が関るからである。そしてこのような「威厳の維持のための経費はいずれもその社会の全体的な利益のために支出されるものである。従って、これらの経費はその全社会の一般的貢納によってまかなわれるのが合理的である」(注8)。

研究費に一定の政府負担が確保されなければならない所以である。

[2]――対策としての社会資本のパラダイムの転換

主として大学における教育、研究環境を眺めたが、このような現状と問題点について、今後いかなる対策をなすべきか。対策を三つ挙げたい。現況の原因は、財政再建の時代以来、ODA等や社会保障等と異なり抑制または縮減されたこと、又最近の社会資本拡充においても遅れをとっていることにある。

これからは社会資本の拡充で公共投資の増額が予想されるが、ここで重要なことは教育、研究経費の大半が人件費及び微細な設備、消耗品、国際交流費等に要するソフトな経費であることといえる。これは政府予算の「公共事業費」として治山治水から災害復旧まで掲げられる項目とは全く性格を異にする。

しかし、人材養成や基礎研究は将来社会の発展の基盤をなすという意味では社会資本同様いわゆるインフラストラクチャーとして扱われなければならない。

公共投資は社会資本を拡充するという政策目的の他に内需景気の拡大等という財政政策としての政策目的があり、二重に加速されて、政策が選好される。しかし、別の意味で文明と文化を基礎に成立する成熟社会の発展の原動力ともなる教育、研究はソフトなものであっても将来の社会発展の基盤としての新しい意味での資本ストックと考えて、優先課題とすること。そういう政策パラダイムの転換を政府に求めることが対策の第一である。

[3]——圧力団体

大仰にいって近代議会制民主国家の予算編成過程において、圧力団体の存在は現実論として否定できない。ところが、教育、研究条件の改善については事の性格上有力な圧力団体が存在しない。この分野の予算規模が陥没する一つの大きな原因である。

結局、教育、研究に従事する関係者本人だけが利害関係者である。

ところが実は、この関係者は圧力団体等の行動を不得手とし、或いは積極的に忌避する人々である。しかし他に術はない。やはり当事者としてある種の責務の感覚で政策の実現を図る努力をしなければならない。

関係者は同時に、未来社会の発展を憂えるボランティアにも応援を求め、他方関係する政府各省及びおよそ選挙の票に結びつかない高踏的な政策にも熱意を示してくれる奇特な政治家と鉄の三角同盟を結成するよう努めなければならない。こういう圧力団体の活動を許される範囲で活発化することが対策の第二である。

なお、日本学術会議をはじめ、組織として活動を求められる集団の機能も期待されている。

〔4〕——アカウンタビリティ

教育、研究の環境条件が悪化したにしても、果たして現状において大学や研究機関が国民の付託に応えて責任を果たしているか、つまりアカウンタビリティに応えているかという問題がある。

例えば、研究条件の悪化を訴える声はあっても、関係者から講座や部門を割愛、統合し成果が上がるようにする等の行政改革の積極的な意見を聞くことは少ない。民間の組織であれば、条件が悪化すれば否応なしに組織の統合、改革を実行するし、破産を前にすればぜい肉を削って奮迅の自助努力をする。

もちろん今日、大学や国立研究所は激しい組織改革を行っているが、それは行政改革の審議会や、政府監督庁からの勧めにより他律的に改革をすすめている傾向が強い。全体としては、組織の現状維持を図り、しかも予算や定員の削減により、結果的には全身衰弱の状態になって教育研究の成果をあげることができなくなっているというのが実感である。

ここで真実、政府、国民に対し財政措置の要求をするのであれば、組織の改革や教育、研究の成果について外部にアカウンタブルでなければならない。条件が厳しくなるほど、その担い手としての教官や研究者等のアカウンタビリティを果たすこと。これが対策の第三である。

ただ、このような要求は当事者に酷でもある。なぜなら、不幸なことに行政改革とかアカウンタビリティという掛け声が出だしたのは昭和五七年の第二次臨時行政調査会発足の頃からであった。この審議会は行政改革を課題としつつ、まさにその時に財政再建を図らなければならなかった。改革を行うということは、とりも直さず財政再建のための組織の規模縮小や予算の縮減に他ならなかった。結果的には、自ら進んで改革を行おうとすれば、得てしてそういう積極的な部署ほど、痛みを分かちあうこととなる。防御し、動かず現状維持を主張する方が得策であった（事実か否かは別にして、当事者には少くともそういう風に感じとられた）。

教育、研究の担い手にアカウンタビリティを問うためには、その前に政府が相応の責任を果たしていなければならない。基本的には教育、研究の基礎条件の回復に公的負担の応分の努力がなされ、すなわち政府自体が自らのアカウンタビリティを果たすことが先決で、それなくしては教育、研究の当事者に責任を課すことを期待することができないという現状になっているとも言える。

以上わが国教育、研究条件の現状を一覧した。財政事情とベビーブーム等による大きな歪みを分析し、問題点を指摘したつもりである。そして、この状態への対策として、社会資本重視のパラダイムの転換、圧力団体及び当事者のアカウンタビリティについて触れた。

わが国が二一世紀社会に発展して行くためには、関係者が力を一つにして、悲劇的ともいえる今日の状況を少しでも改善されることが切に期待される。

注

（1）財政調査会「国の予算」昭和五八年度　一一二八頁。
（2）第二次臨時行政調査会「行財政改革に関する一次答申」第一、三、（二）。
（3）中央教育審議会答申「新しい時代に対応する教育の諸制度の改革について」第一部第一章（三）
（4）文部省「教育指標の国際比較」平成二年版、二四～二五頁。

（5）　A. Smith, *An Inquiry into the Nature and Causes of the Wealth of Nation*, Clarendon Press. 0xford. 1976, II p.815

（6）　*Ibid.*, p.780

（7）　*Ibid.*, p.814

（8）　*Ibid.*, p.814

※初出＝日本計画行政学会編「計画行政」（第二九号・一九九一年）

第五章 臨時教育審議会の高等教育政策

2000 August

［第一節］　臨時教育審議会の功績と限界

臨時教育審議会は、昭和五九～六二年（一九八四～八七）の三年間にわたり活動し、教育改革のすべてについて提案した。臨時教育審議会の評価という観点から振り返れば、この審議会は、今日の教育改革について大きな「功績」を残した。しかし同時に、その活動にも、時代を背景とした「限界」があったことは否めない。その評価をするならば、「功績」と「限界」の二つの側面をもっている。

「功績」というのは、いま世紀の変わり目で、日本の社会や政府の施策全般にわたり構造的に制度、システムの改革が行われているが、教育改革については、臨時教育審議会の活動が、すでに八〇年代に着手され、いわば改革の先取りをしたことである。また、改革の着手を早めただけでなく、方向性が先見性をもち、従来忌避されていた内容への挑戦をあえてしていることである。当時、臨時教育審議会のめざす改革と、文部省、教育界との間にいろいろな軋轢があったが、とにかくあれ以来の試練がいまの教育改革の先鞭をつけ、高等教育についても文部省、大学関係者等が従来タブーとされていた種々の改革に取り組んでいる。教育改革が政府施策のなかで、他に先んじて着手されたのであるが、これが、臨時教育審議会の功績に帰することができるのである。

そのような功績にもかかわらず、臨時教育審議会には、「限界」があったことも否めない。

ここで、臨時教育審議会の限界というよりは、「二〇世紀の限界」といったほうが適切である。それは二一世紀への転換点で、情報革命ともいわれ社会の仕組みがこれほど構造的に転換するという認識をもちえなかったことである。当時、情報化の進展やそれを基盤とする社会構造の変化、さらには情報化の進展が東西冷戦体制を崩壊させたり、国家の機能を大きく変えるという見通しがなく、大学改革についても今一歩踏み出せなかった。

ただ、この点は、本来、臨時教育審議会に求める課題ではなく、臨時教育審議会によって生み出された大学審議会やそれに応える文部省に期待される課題である。情報化の進展や、国家のあり方や中央政府の機能の変化について大きな時代認識をもって、臨時教育審議会を乗り越えて、二〇〇〇年代に立ち向かう教育改革が待たれている。

〔1〕――教育改革の先取り

（1）――総理大臣の諮問機関

いま政府は、行政改革や中央政府各省庁再編で過熱のさなかである。そのなかにあって、文部省は比較的冷静なようにみえる。

現に、金融崩壊や財政再建の課題をかかえた大蔵省などがよく話題になるのにくらべ、教育政策は、実は初等中等教育では学級崩壊、大学では一八歳人口の急減など種々の問題をかかえながらも、行政改革の渦中から一歩間を置いてる。

これは、すでに八〇年代に、臨時教育審議会が各般の提言を行い、教育界として、すでに教育改革の姿勢が整っていたこと、また現に改革の施策が具体的に着手に移されていたことによる。

実は、一九八〇年代の臨時教育審議会が活躍したころは、文部省を中心とする教育界は集中放火を浴びているような状態であった。

とかく教育界は改革に消極的である。それはすべての組織に共通の既得体制を維持したいという意識や、そもそも制度や施策は、権益やイデオロギー等の抗争あるいは妥協や政治的・社会的バランスの上に構築され、ほかに動かしようはないという保守主義によるものと分析できる。それだけでなく、その上に教育の場合、百年の計といわれるようにその効果の測定が長期であることによる。人材養成は百年という長期の評価を基礎とするため、制度、施策の変更について膠着性をもち、この分野に固有の特性をもっている。

当時、このような性格の教育分野で、文部省内部の審議会による組織では、到底抜本的な改革を求めることは不可能であった。中曽根内閣が、戦後の教育刷新委員会以来、三五年ぶりに内閣総理大臣の諮問機関として臨時教育審議会を設けたのは英断であり、総理の諮問機関としての権威により文部省や教育界に改革の試練を課した。こうして教育界に改革の先取りの機会をあたえたことは、臨時教育審議会の果たした功績といえる。

警鐘を与え、とかく膠着的で保守的な教育改革に、改革の先鞭の契機をもたらした功績は大きいのである。

いま政府各省は、中央省庁の再編や規制緩和等、いわば行政改革の嵐が吹き荒れている。従来の文教行政であれば、こういう改革の各省庁の戦線のなかで、いわば後塵を拝していたに違いない。しかし上記のような事情で、すでに臨時教育審議会の教育改革の洗礼を経たため、改革に対する姿勢が以前とまったく変わった。改革に対する対処の姿勢が前向きであること、そして改革の速度が、きわめて敏速なこと、さらに、戦後従来の教育改革でタブーとされていた事項にも挑戦していることに変化の姿勢があらわれている。

(2)——大学改革の速度

改革の速度がはやくなったことは審議会の審議の速度がはやまったこと、および法令を改正し、予算化する政策実施のタイミングが従来とまったく変わったことにあらわれている。

臨時教育審議会は大学改革の具体的な遂行については、ユニバーシティカウンシル（大学審議会）に委ねるという方策を提案した。大学問題という専門的な課題を、臨時教育審議会の早々の提言で改革することをさけたのは賢明な選択であった。それだけに、新しい大学審議会の責任は大きかった。臨時教育審議会の提案を受けて、昭和六二年（一九八七）に発足した大学審議会は、設置基準の大綱化などの大改革を含め、従来の審議会にはない積極的な活動を開始した。たとえば大学審議会が文部大臣に対し、答申した数をみると次のようである。(注1)

平成 三 年(一九九一)……四　平成 五 年(一九九三)……一　平成六年(一九九四)……一
平成 七 年(一九九五)……一　平成 八 年(一九九六)……一　平成九年(一九九七)……二
平成一〇年(一九九八)……一　平成一一年(一九九九)……二

答申には、大臣の諮問があり、専門委員会や部会の報告があり、膨大な資料の整理と、たび重なる審議を前提にあることを考えれば、この答申の数は驚異的である。そして、関連の法律、政令、省令や行政通達の改正、予算措置の実施、関係者への広報、普及等矢継ぎ早の施策を講じている。現場の大学や私学の理事会が、改革の速度に追いつけず、また助成事業なども、大学改革の事項を優先されるのに、せっかくの機会を失することが少なくない。

とにかく文部省を中心として、審議会、大学関係者などが、このように敏速に教育改革に臨むことは、かつてなかったことであり、それには、臨時教育審議会の強烈な刺激があったことによることはいうまでもない。これを臨時教育審議会の大きな功績としてあげるべきであろう。

しかも、大学審議会を中心とした最近の改革は、戦後大学行政がなし得なかった課題を数多く提案している。

[2]――タブーへの挑戦

(1)――思い切った改革事項

表5・1　臨時教育審議会・大学審議会の改革提案

年次	大学審議会の答申	主な提案	臨時教育審議会の提案
1991(平成3年)	大学教育の改善	設置基準の大綱化 自己評価	設置基準の大綱化・簡素化 自己の評価と情報公開
	学位授与機関の創設		単位累積加算制度と学位授与機関の創設
1995(平成7年)	大学運営の円滑化	学長のリーダーシップ	管理運営の責任体制 学長のリーダーシップ
1996(平成8年)	大学教員の任期制		人事の流動性、任期制
1997(平成9年)	通信制の大学院		
1998(平成10年)	21世紀の大学像と改革方策	競争的環境のなかの個性化 社会との連携開放を進める	高等教育の個性化・多様化・高度化

大学審議会の提案は、文部省高等教育局大学審議会室「大学審議会答申・報告集」（1997年9月）より作成。
臨時教育審議会の提案は、臨時教育審議会「教育改革に関する第4次答申」（1987年8月）より作成。

臨時教育審議会の「功績」の第二は改革方向の先見性であり、別の見方をすれば、従来の伝統的な大学のあり方のタブーを破る契機になったことである。

今日の教育改革の多くはすでに、臨時教育審議会の改革の方針とほとんど同じものである。八〇年代に議論された方向は、先見性をもったものであり、その意味で伝統的な大学のあり方に挑戦したものといえるのである。

新しい世紀を迎えたいま、大学は社会から超然とし、自由と孤独の象牙の塔が自治であるというパラダイムを転換しなければならないときであるが、そういう観点から、臨時教育審議会・大学審議会が刷新しようとする挑戦を、主なものについて具体的にみていけば、**表5・1**のような項目をあげることができる。

もとより、これらのほかにも、**表5・1**のように種々の提案がなされているが、なかでも平成三年（一九九一）の設置基準の思い切った大綱化、および平成一〇年（一九九八）の大学に「競争的環境」という表現で出された答申が従来の感覚からいうと画期的なものであろう。

（2）——改革の具体例

さて、臨時教育審議会の提案を受けて発足した大学審議会は、さっそく、大学院制度の弾力化について答申したが、いままでの常識を破ったのは、平成三年（一九九一）の「大学教育の改善について」の答申であった。これは、設置基準の大綱化として世の中にうけとめられ、専門教育と一般教育の教育課程や組織編成の区分を自由化するなど、カリキュラムの構成を大学の自主性によるようにするという意味で、従来の基準行政の大転換を図ったといえる。しかも、もう一点、この改革では教育の自主性の導入とともに、自己評価という大学の自己責任の原則を明らかにしたという意味でも画期的であった。

一般教育を改革することや、大学の自己評価は、教育の理念にかかわり、また教員の身分処遇に影響する問題であって、従来の感覚からは、いうべくして難しい課題であった。それを、設置基準の自由化と自己責任を導入することによって主体的に行わせるという意味では、大学改革の一分野での、小規模ではあるがビッグバンであったといえる。

大学審議会は、さらに答申を相次いで出した。人事の活性化や社会人の採用などを求めた「教員採用の改善」。教授会の審議事項の精選や学長のリーダーシップを促す「大学運営の円滑化」。あるいは大学教員の業績評価のあり方を検討し、また流動性を高めるための「大学教員の任期制」の答申など。そしてこれらを集大成した形で、平成一〇年（一九九八）に答申された「二一世紀の大学像と今後の改革方策について」では「競争的環境の中で個性が輝く大学」という副題をつけたが、これは、まさに従来の大学改革のタブーともいうべき「競争的」という言葉を用いたところに思いきった提言を印象づけている。

そして、平成一一年（一九九九）八月に終了した第一四五国会では大学を最短三年で卒業できることや、国立大学に運営諮問会議を設けるための法改正がさっそく成立し、大学審議会の一〇年答申の政策化がただちに実施に移された。

とくに、関係者であまり話題にされていないが、大学にとって大きな改革となるのは、一〇年の答申によりＴＯＥＦＬやＴＯＥＩＣの評価を大学の単位として認定してもよいという改正である。しかもこれを六〇単位まで、つまり大学の授業の半分近くまで認めてもよいという。これは大学設置基準を改正して「アメリカ合衆国の営利を目的としない法人であるエデュケーショナル・テスティング・サービスが……実施するトフル及びトーイック」等の成果を大学の単位として認めてよいというものである（大学設置基準二九条関係）。

とするならば、いままで、日本国の大学基準に固執し、認可制度で、必死になって教育の内容、方法、手段を担保してきたところ、これからは日本政府の規制の及ばない完全に外国の、しかも民間の評価機関の判断に委ねるという制度になる。つまり日本国の行政権の及ばない、しかも正規の教育機関でない組織の評価にアウトソーシングする。かつ大学の教育量の半分までをそれに委ねてよいという。いままでの文教行政では到底思い切れなかったタブーを、ここで破ったといえる。

どの組織も同じであるが、大学という世界はとくに、既得権の擁護や大学人の保身の傾向は否めない。しかもそれが、大学自治という理念に支えられるだけに、改革の実行は難しい。そういう消極的な大学に対し、大学審議会の相次ぐ答申は改革のはずみとなり、インパクトを与えている。今日、大学改革のうねりが起こってきているのは、大学審議会が努力を重ねて改革を促進した成果であると評価できるが、同時にこれは、大学審議会を創設し、その教育改革の方向性を示した臨時教育審議会の功績に帰することができるであろう。

いま社会の大規模な変革のなかで、行政改革たけなわである。その渦中で、臨時教育審議会が発足した当時、「危機に立つ学校」といわれ、集中放火を浴びるような状況であった教育界を思うとき、多くの課題をかかえてはいるものの、文部省や教育界が必死になって対処している教育改革のプログラムが一応社会や政府のなかで了解されているともいえる。少なくとも大学については、大学審議会を中心として、改革が進んでいるという信頼感が国民にあるといってよく、これは臨時教育審議会以来、国民や政府中枢から文教行政に対する期待に応えているといえる。その先鞭をつけた意味において、臨時教育審議会の功績が大きかったことは否めない。

［第二節］　情報化革命時代の大学

［1］――脱工業化時代の情報化革命

功績の大きかった臨時教育審議会ではあるが、やはり時代の「限界」を背負っていたことも否めない。その限界は、臨時教育審議会というよりは、二〇世紀の限界といったほうが適切であるが、情報化社会の進展がこれほど急速に進むことについての認識がなかったこと、および大学に対する国家の関与のあり方についての考え方の変化の問題である。

ここでまず、情報化社会の進展についてみていくと、臨時教育審議会では一部の委員が情報化社会について強力に主張し、答申でも情報化への対応のための改革として提案されることになったが、審議会の大勢としては、なお二一世紀への世界的な規模での情報社会の展開についての認識が十分ではなかったといえよう。ヨーロッパ社会では、いまＥＵの成立で、過去の国家体制を放棄して、新しい国際的な政治体制の再編の瀬戸際に立っている時期であるだけに、そして、そういう国家のパラダイムの変換を促した基本的な要因が情報化革命であるだけに、情報化の進展に注意を払う。

さる一九九九年七月初旬にブラッセルで開かれた世界学長会議（ＩＡＵＰ）で、元ベルギー総理大臣アイスケンズ（M. Eyskens）教授は「二一紀への大学理念」という講演で、情報化社会の展開で、大学が変化しなければならないことを、情熱を込めて語った。要するに情報のネットワークを中心とする脱工業化時代の情報化革命は、世界のあり方を一変させるという主張である。(注2)

[2]――コンピュータネットワーク社会

アイスケンズによれば、まず情報化社会について、次のように述べる。

①脱工業化革命は、いま情報と知識のネットワークをつくり出しているが、それは魔術的な機器ともいうべき生産力であるコンピュータに支えられている。

②脱工業化革命は人間の精神、記憶、情報処理と創造力を豊かにする。(注3)

③第一次と第二次産業革命は、生産の物資的手段を発展させて実現した。第一次は蒸気機関、第二次は電気である。コンピュータ革命による脱工業化革命はコンピュータ化と知的創造の相互作用によるものにはかならない。その最も基本的な要素は非物質化である。

④経済体制としての「資本主義」という言葉は「情報主義」（Informatism）という言葉におきかえられる。そして、経済社会や社会全体を牛耳るのは、もはや機械や資本ではなく知識と情報であ

る。(注4)

そして、情報化社会のこういう認識を前提として「思索と知識の十字路の上にたって、知識の獲得と、思考の開発のセンターである大学は、気を失わせるような挑戦の前に立っている」として、次のような種々の角度から問題の提起をする。(注5)

⑤ネットワーク社会は情報の世界的な規模での交換がなされ、知識のものすごい集約が起こる。独創的な知識というのはコンピュータ技術に裏打ちされてのみ生産要素として発展する。(注6)

⑥認知過程と知識の応用のあり方を革新しようとし、それにネットワーク社会の影響を考えると、大学では、専門と一般との関係、分析と総合の関係、科学教育の焦点として“how”と知的アプローチとしての“why”の関係を見直すことを迫られている。(注7)

⑦科学を越える「価値」の問題が大事である。あらゆる科学が、価値の問題から解放されるわけがないが、とくに応用科学、人間科学がそうである。規範的な視点、倫理的な問題意識、責任感、世界観、哲学的パラダイム、道徳などが欠かせない側面となる。(注8)

⑧真理は多面的である。何百とある専門分野から成り立っているジグソーパズルを再構成し、ひろい視野から構図を描くこと、つまり分析力から総合力への視点の転換が必要なのである。

⑨学際性が基本的な問題となる。違った専門性からアプローチし、研究するマルチディシプリナリーや、グローバルな総合的な視野から専門性を統合するインターディシプリナリーが推進されなけ

ればならない。（注9）

⑩哲学は先人の説を解くことではなく、物事の本質と矛盾を明らかにし、質問と疑問に重点が置かれなければならない。

以上のように、アイスケンズは、ティーチング社会からラーニング社会への転換が要請される。（注10）

これらの教育において、情報革命の視点から多くの問題点を提起している。とくに情報化によって社会構造が変わった側面が重要であって、これが大学の制度、教育研究の内容、方法、そのための人、物の構成としての大学という構造物のあり方を基本から変えていくことは必至となる。

ひるがえって、わが国の今日の大学は、現実には、国立大学を中心とした体系で、情報よりは物質中心の思想によっている。校地を整備し、校舎、設備や、図書を備え、既成のディシプリンによって学部学科を構成し、教員を過去の業績評価し、原則として永久雇用の人と物を配置する営造物として運営している。私立大学の認可や指導行政もこの営造物行政になぞらえて運用される。大学政策は、この旧世紀的な発想から脱して、流動的で柔軟な制度を導入し、情報ネットワークを中心に、国際的・世界的スタンダードで改革されなければならない。

［3］――臨時教育審議会の情報化のとらえ方

臨時教育審議会は、大学改革において上記のような情報化社会の展開をそこまで見通しできなかったところに時代的限界があったものとされよう。

いま、臨時教育審議会の議論全体をまとめた第四次答申（最終答申）（昭和六二年〈一九八七〉八月）に即して、情報化についてまとめると、提案は次のようになる。

まず、審議会答申の主要な柱は、「個性重視」「生涯学習」および「変化への対応」の三本とし、その、「変化」の要素として「国際化」と「情報化」を把握している。(注11)

ここでわかるように、情報化を変化の重要な要素としているが、情報化を一つの次元の開発分野として、せまくとらえ、社会全体の基底の変化をもたらす教育改革の根本的要素になるというとらえ方はしていない。

もっとも、「情報化への対応のための改革」の節の頭書には、「情報化は、従来の予想をはるかに上回るほど速く、かつ、広範に進んでおり、今後、社会システムが全体として根本的な変化を遂げる可能性が高く……」とするどい分析を示している。(注12)

しかし、大学改革についてみても、情報化を改革の表舞台にすえてそこから未来への展開を求める考えは取られていない。

最終答申に即して情報化の具体策をみていくと、「情報化社会型システム」の構築を進めるとしているが、その内容は次のように要約できる。

①学校において情報活用能力の育成に本格的に取り組むための教育内容、方法の検討、メディア教

材の研究・開発体制を整える。情報化に関する教員の資質を育成する。
②データベースの構築、テレビ等のマスメディアの活用など学校の情報環境の整備を行う。
③情報化は間接経験の肥大化など弊害を生み出す可能性もあり光と影をふまえ、取り組む必要がある。
④高等教育や学術研究等については、大学の情報関係学部の拡充、図書館の情報化等を推進し、放送大学を情報手段の活用する高等教育の展開の観点から重要であるとする。
以上のように臨時教育審議会では、情報化は教育・研究分野での個別の対応や、活用について述べているにとどまっているのである。(注13)

［4］——情報化革命による社会構造の変化

二一世紀に向けて始まるこれからの情報化革命は、社会の根底的な変化を招き、その新しい時代のなかで大学改革が考えられなければならないのである。

情報化により社会に構造的な改革が起こり、大学も人材養成や学術研究を行う機関として、その制度、内容、組織の運用等すべての側面で社会の変化とシンクロナイズした改革が必要となる。改革の必要性は三つの側面から整理できる。
①そもそも、明治以来の工業化社会のなかで、重厚長大の産業を中心とする経済成長が続き、知識

習得型の人材の要請と一括若年採用の長期雇用慣行が定着した。そういう産業社会での就業構造に、人材養成のあり方がインボルブされて学歴主義が生まれ、受験競争や偏差値偏重の学校教育に行きづまった。

いま、情報化革命によってその社会構造が変わろうとする。それに伴う学歴主義の構造的な変化に対応するのが大学改革のねらいとなろう。情報化によって社会が変わり、それに即しつつ学歴主義に組み込まれた人材養成や、研究システムが変わることを洞察するならば、情報化を基底的な要素として分析しつつ大学改革が検討されなければならない。

②しかも、本来、大学というものは、情報の創造、伝達を主とする情報の集約的な組織、機関である。ところが、今日の過激なまでの情報化の進展は、従来、情報の集約的な機関として、社会から信頼をよせられていた学校が、情報システムやメディアのなかの一つにすぎない、相対的なものとなった。大学が生産し伝授する情報、知識は過去においては、社会の知的容量の大半を占めていたが、いまは、各種メディア、情報ネットワークの限られた一部にしかすぎない。そういう、学校の地位の劇的な低下のなかで、大学をいかにとらえ直すかということは、この点でも教育改革の根底的な要素となる。

たとえば、知識の集積機能からいっても、コンピュータ社会の到来で人間の記憶能力の容量は圧倒される。暗記にウェイトを置く教育は無意味となり、判断力、批判力、情報の管理能力、独創力、想像力に中心を置いたものに改革していかなければならない。それが、工業化社会のなかで、偏差値教育や学歴競争に行きづまり、危機に立つといわれた学校から脱却する、教育改革のねらいでもなければならない。つまり、情報化が産業構造を変え、それが学歴社会の機関となった大学の改革を促すばかりでなく、情報化それ自体が大学のあり方の変革を求めているのである。社会やグローバルな規模での情報ネットワークのなかで、その一つの機関となった大学をこれからどう位置づけていくかということは、情報化社会をどう把握するかということの分析がなければならず、それは改革の一つの分野でなく、大学の地位、あり方を変えてしまう教育改革の思想の根底を成すものとしてとらえられなければならなかったのである。

③なお、臨時教育審議会は、情報化の進展がもたらす人間の精神的・文化的弊害を指摘し、「情報化の光と影を明確に踏まえ」ることや「影の部分を補うような取り組み」の必要性を述べる。そのための教育環境の人開化を支援することなどを提案する。(注14) そのかぎりで間違いではないが、この点でも情報化の影響のとらえ方が弱い感じをまぬがれない。情報化は、産業構造や人材養成のあり方を一変させるが、それ以上に人間の文化、社会の根本的な変化をもたらしている。生活のあらゆる側面での情報化の発展は、人間の生活や生命維持の便益を促進すると同時に、それ以上に人間関係を破壊し、孤立化させる。メディアが家庭を崩壊させたり、生身の人間関係を切断して「オタク族」を生み、コミュニティの崩壊を招いている。これらの総合的な影響が「学級崩壊」

の原因でもある。

情報化が文明の進歩を促し、発展させ、それが情報化をさらに進め、その進歩が人間社会に刃を向ける。たんに「情報化の光と影」という表面的な問題でなく、人間存在の深いところで疎外現象が生まれている。教育改革は、こういう情報化社会と人間の精神的なかかわりの問題として解明されなければならないのである。臨時教育審議会は、そこまでの問題提起をしていないが、これが新しい世紀の教育の最大の課題になりうる。大学教育もこの点から考え直さなければならない。

知識と情報の集約的な組織である大学は、情報化革命のもつ諸相の分析と、総合的な影響を洞察し、社会構造のパラダイムが転換する二一世紀に、臨時教育審議会の限界をはるかに乗り越えて情報化の集約的な組織に改革されなければ、大学自体の存在が危なくなるに至っている。

［第三節］　水平社会の中の国の統治権

［1］――イデオロギーから情報へ

臨時教育審議会の限界の第二は、教育に関する国家の関与のあり方の問題である。

二一世紀に入るこの時期、国家のあり方は大きく変わろうとしている。その根本的な原因も、実は情報化によるのである。

つまり、いままでの二〇世紀社会は、国家が権限を一元的に集中し、かつ社会福祉国家の進展にともなって政府があらゆる分野に所掌の範囲を広げてきた。それに加え、東西冷戦のなかで、国家主権が強固に維持されなければならなかったのが特徴であった。イデオロギー対立の象徴であったベルリンの壁は、産業社会の発展を基盤にしつつ矛盾の拡大にゆさぶられていたところ、国境をこえて進展する情報化にともなって崩壊したのである。これはグローバルに広がる情報化社会が、冷戦体制を打ち破ったともいえ、諸国家のあり方の基本となっていたイデオロギーを衰弱させたのである。

そして、情報化社会は国家主権のイデオロギー性を薄めるとともに、ネットワークの発展によって、あらゆる情報を社会全体のものとし、政府の一元的な管理のシステムを、大衆全体のものとしようとしている。いままで国家権力や政府の権限によって維持し管理されていた政治的支配や社会制度が、ひろく広がっていく情報によって管理されることになる。政府の統制、認可、行政指導による国家的管理の機能の多くが、情報による公共性の維持のシステムにかわられようとしているのである。

政府の公共性の維持の機能は、多くは、情報によって取って代わられる。つまり情報公開を前提とした利用者や関係者あるいは第三者による評価やグローバルスタンダードによる評価等によるようになり、国家による統制が、情報による監視、選別機能に取って代わられるのである。

アイスケンズの主張では、脱工業化の情報化社会は、共産主義の崩壊を招き、また資本主義の性格を変え、イデオロギーの終焉をもたらすと述べて、そういう社会で、大学は組織をあげてどのように適合すべきか総合的に対応する必要があるとし、問題提起をする。

[2]――ネットワークによる水平社会

アイスケンズによれば、ネットワーク社会は、縦型から水平型に転換するとし、「情報化は、世界的なネットワーク社会を創設し、それは古い伝統的な縦の権限のパラダイムを自然発生的な組織である水平組織におきかえる。それは、ピラミッド型の構造を変えていく。市場経済と多元的なデモクラシーは、弾力的で、分散的な傾向に進んでいく」と指摘する。(注15)

ネットワーク社会はこのようにピラミッド型の権限構造を分散型に変え、さらに国際的でグローバルな社会となり、絶対主義的な権限は、サイバネティックスや、自然発生的な管理のメカニズムであるインターネットなどに置き換えられる。とくにネットワーク社会は、もう一つ本質的なことはハイラーキによる第三者に依存する意識('he' idea)、つまり父、神、ボス、政府といったものを、第一人者としての自分主体の意識('we' idea)つまり人間仲間、共同の意識に置き換えることを主張する。(注16)

こういう分析を前提にするかぎり、世界の村から孤立した一国体制の中央政府が、自国の大学の制度、基準、管理、認可、指導のすべての権限を掌握し、細部に至るまで規制する体制は考えられないことになる。

[3]――大学への国の統治権の関与

さて平成一一年（一九九九）の国会で法案が議論されたいわゆる情報公開法では、行政において情報を重視し、情報を公開することが国民の理解と批判を招来することを明らかにしているのである。「行政機関の保有する情報のいっそうの公開を図り、もって政府の有するその諸活動を国民に説明する責務が全うされるようにするとともに、国民の的確な理解と批判の元にある個性的で民主的な行政の推進に資する」（第一条関係）とする。

情報によって的確な国民の理解と、批判がなされるならば、大学行政に引き直して考えても、個々にわたって国が規制をしなくとも、大学運営の正当性が監視、評価され、公共性が確保されるのである。大学行政の規制緩和や、国立大学の独立行政法人化の考えは国の直接の統治から切り離してもよいということであろうが、そこで情報化社会が公共性の確保に機能するという判断から出ているといえよう。

アイスケンズの主張するように、情報化がピラミッド型の絶対権限を排除し、フラットな国際的でグローバルな社会をもたらし、これにより国家の権力は相対化され、国家の伝統的な縦型の権威より、むしろ'we' ideaで、情報公開によるチェックシステムが、公共性の維持の手段となる。今日の政府の行政改革や相次いで出される規制緩和の施策は、こういう情報化社会のなかでの国家のあり方の転換の一環であると理解されなければならない。大学改革についての国家の統治権の関与のあり方も、このような情報化の進展による国家権力の構造的な変革のなかで組み替えられなければならないのである。

[第四節]　臨時教育審議会の限界

[1]――臨時教育審議会の大学改革と国の関係

さて、臨時教育審議会は、教育改革の先取りの機会を与え、またその提言の内容に先見性をもったものであったという功績は、少なくない。しかし、同時に二一世紀に向けて、情報化がこれほど進展することを予見できず、また、国家のあり方が変わり、中央政府が教育政策にどのように関与すべきかという観点でも、世紀の変わり目を越えた大転換にまで至って検討していない。

もとより、臨時教育審議会ではその第四次答申で、文部省が「政策官庁の機能の強化」をすることをあげ、文教政策の「調査研究・分析、政策立案、情報提供などの機能を強化する」ことを述べている。そのこと自体は正当であるが、それ以上の抜本的な主張を、当時としてはなしえず、そこに臨時教育審議会の時代的限界があった。当時としては、すでに、臨時行政調査会以来、行政改革の方策が検討されていたが、政府各省のなかでひとり文部省のみが、管理行政や、指導、助成行政などの権限を放棄することを求めるのは､無理であったといえよう。したがって､臨時教育審議会の最終答申では「関係機関の自律性と自己責任、当事者能力の強化の観点に立った文教行政を展開する」ことを述べるにとどめるとともに、政策官庁の機能の重視についてのみ提案し、具体的な政府の権限についての見直しを提言していない。その結果、大学改革についても個性化や多様化のために改革を提案しているが、それらは、ピラミッド型の権限構造というべき以前と同様の、文部省の営造物行政や、認可、基準行政、指導行政の形態を変更することなく、縦型の権限行政そのままに展開することを前提としている。

ここで問題は、国が一切の権限を放棄し、大学の自治や地方分権に任せてよいという一種の無政府主義を主張するのではない。そうではなく、基本的なことは国が責任をもって権限を行使すべきである。しかし、政府の行うべきことを精選し、譲るべきは何かを検討し、国が留保することを限定することが求められているのである。そこで、中央政府が教育行政として、権限を留保することは何かを検討する場合、たとえば、大学の整備や認可行政の具体例をみるならば、一八歳人口を勘案した入学生の全体数、とくに医師養成の全体枠など、国益的な影響のある基本的な養成計画等があげられよう。あるいは基礎科学や巨大科学の振興、育英奨学費の確保、学制の年限、資格等の基本の維持等、骨太い政策だけが国の権限であり、従来通り文部省の行政として残されるべきであろう。しかし、こういう基本的な課題と、具体的な大学設置にかかわる校地、校舎や、既成のディシプリンによる業績判断など、固定した物、人で営造物をつくりあげるという古い感覚の大学行政とが混在してはならない。また、大学の運用ともいうべき、カリキュラム改革や学期の始期をどうするかとか、推薦入試の入学生の比率の問題や、AO入試をいつから始めるかとか、通信の手段による大学や大学院が認められるとかは、もともと固有の各大学の運用上の問題であり、いちいち政府の規制によって維持するのでなく、グローバルなスタンダードや、社会における公開情報で、大学当事者や利用者による評価や判断に任せるべきである。

〔2〕——規制緩和のあり方

臨時教育審議会以来、種々改革されているにもかかわらず、国の関与の仕方の改革までに至らなかったため、基本的な政策事項と個々の基準や指導による行政が混在しているのが現状である。この混在には弊害が少なくない。

弊害の第一は、規制の弾力化や柔軟化が事態をいっそう繁雑にすることである。本当の弾力化や柔軟化は、各人の主体に任せた水平型で、分散的なチェックシステムを考案しないかぎり、縦型の国の規制権限がそのままでは、かえって細分的な例外規定に拘束され、制多くして自由度が束縛される仕組みにおちいる。

すなわち、大学審議会は、現実に学期や学年の弾力化等の改革、入学者選抜方法の改善、専修学校卒業者への入学資格の弾力化、大学設置基準の大綱化などを提案する。これらは一見、自由化され弾力化されるようにみえ、事実そのかぎりでは正しいのであるが、およそ何ごとにも行政が関与し、法律やその他の法令、指導方針が決まらなければ大学改革が進展しないという構図になっている。そして、これらの仕組みを担保するための基準、内規、申し合わせ、例外措置の集積などが絡みあって、かえって、複雑、混乱を極める。微細な例外事項の基準の適用や解釈のために、いちいち中央政府の窓口と協議し、解釈を求めなければならないというのでは、大学改革は進展しない。

弊害の第二は、大学側の主体性が発揮されないことである。

現実に平成一〇年（一九九八）の大学審議会が答申した、「二一世紀の大学像と今後の改革方策」なども、その内容については十分に評価される。しかし、基本的な問題は、個々の大学が本来、自ら改革すべき課題に満ちている。いちいち他の機関の、ましてや縦の構造の権限の中心である中央政府に依存し、そこに付置される審議会の方針にまたなければならないという構図は、正当ではない。

その大学審議会の答申は「競争的環境の中で個性が輝く大学」という副題がついているが、中央政府の審議会から促されて、一斉に個性が輝く、そのような個性があること自体が奇妙である。ある日、国の基準や指導方針が緩和された時点から全国にわたって一斉に国中の大学が走り出す、画一的な弾力化という現象が起こっている。大学審議会の提案が最も評価され、しかもその審議会が中央政府の機関であるとするならば、これは大学改革が、比喩的にいえば、絶対主義時代の中央集権的国家の啓蒙主義によっていることになる。縦の系の上からの啓蒙的な改革では民主主義が最も必要とする主体性が育たない。

要するに、国の権限は、基本的な公共目的維持のためのものに限定して、それについては国の統治権限に任せる。しかしその他のものは基本前提を自由にしなければならない。規制緩和する前にそもそも前提を規制に置くのか、前提を自由に置くのかで、仕組みがまったく変わってしまう。政府が規制の包括的な権限を有し、その規制が前提にあって、それを個別に緩和するという方策をとっているかぎり、緩和や弾力化がかえって制度の複雑化を呼ぶ。

二一世紀の情報化社会にあっては、国が留保した基本的な政策以外は自由を前提にすべきでないか。自由に任された事項は、大学の評価や、各種の情報によって、まさにフラットな時代の、情報にもとづく水平の分散的な、当事者の評価によるべきである。

また、学校制度、年限、学位制度等、学制の基本は国の責任として維持すべきであるが、しかしその運用は別である。制度の基本は国の責任であるが、学期の始期をどうするかとか、飛び級入学で、欧米でよく話題になる一〇歳の大学生の出現など、運用の柔軟性は個別の問題である。

現今、果敢になされる大学改革自体は、評価されるべきである。それが臨時教育審議会以来の教育改革に始まったという意味で、臨時教育審議会の功績は大きい。しかし、いまの大学行政の進め方に、中央政府がいちいち関与するという仕組みは、もう一度基本的な見直しが必要なようにみえる。

＊

臨時教育審議会は、そこまでの問題意識をもって提案をしなかった。何もかも含めて中央政府の諮問機関である大学審議会に、すべての大学改革の事柄を預けた。そこに時代的限界があったのはやむをえない。

臨時教育審議会の提案した教育改革の先見的な功績はさらに実現に向けて進展させ、他方、情報化社会の展開と、国の統治権の関与の仕方を考えつつ、臨時教育審議会の限界を越えてダイナミックな大学改革を実行することが期待されているのである。

注

（1）大学審議会「大学院入学者選抜の改善について（答申）一九九九付属資料」五四～五五頁より作成。
（2）Paper by M. Eyskens (Bergium). In: *Idea of a University for the XXIst Century*, IAUP XIIth Triannial Conference,1999.
（3）*Ibid.*,p.1.
（4）*Ibid.*,p.2.
（5）*Ibid.*,p.7.

（6）*Ibid.*,p.8.
（7）*Ibid.*,p.9.
（8）*Ibid.*,p.10.
（9）*Ibid.*,p.11.
（10）*Ibid.*,p.12.
（11）臨時教育審議会「教育改革に関する第四次答申（最終答申）」一九八七年、第二章一～三。
（12）同前、第三章第五節。
（13）同前。
（14）同前。
（15）M. Eyskens,*op.cit.*,p.3.
（16）*Ibid.*,p.16.

※初出＝喜多村和之編『高等教育と政策評価』（玉川大学出版部・二〇〇〇年八月）

第六章 戦後日本社会と高等教育

1994 April

はじめに

今回の「戦後日本社会と高等教育」というアサインメントを頂戴して、改めて自分がライフワークとして高等教育問題をどう考え、どんな考えで仕事をしてきたのか眺めてみましたが、終始一貫して、大衆化というか、エリートから大衆化へ、その事ばかり言ってきました。

話の中味は大きくは二点ありまして、第一は、その大学の自治なり自由なり、象牙の塔の主体性をどう守るかということであり、第二は大学が大衆化するとともに社会の要請によって、社会との関係をどう考えるかという課題です。この二つの時代的流れを、大まかに歴史的にみていきたいと思います。「戦後日本社会と高等教育」という大きな題になっていますが、問題点の指摘にすぎないことを、あらかじめご了承ください。

［第一節］　大学の自治・自由――大学政策のない時代

［1］――大学政策のない時代

戦後の社会をみてみますと、昭和二〇年代というのは大学政策のない時代であって、大学自治・自由というものが、非常に主張された時代でありました。結局この時代は、大学が社会から孤立し独立しておった、そういう時代であったわけです。その一番目の契機になったのは、ミッション・レポート（『米国教育使節団報告書』）で、「高等教育機関における教授の経済的及び学問的自由の確立は、また極めて重要である。この目的達成のため、現在の文官制度の廃止が勧告される次第である」(注1)と、こういうふうにしているわけです。

同じ様なコンテキストの中で、大学基準協会が昭和二二年（一九四七）七月八日につくられます。この時にすでに制度として学校教育法に大学設置委員会（昭和二四年〈一九四九〉「大学設置審議会」と改称）というのがあり、これを昭和二三年（一九四八）一月に発足させ基準協会の基準をそのまま採用するということをしました。私が文部省に入ったのは昭和三二年（一九五七）ですけれども、その時に大学設置審議会の手伝いをしたことがあって、あの時分の設置審のやり方をみてみますと、完全に基準協会の考え方そのもので、先生方が文部省文官制度とは関係なしに、非常にいきいきとして設置認可の仕事をしておられたという、そういう印象を強くもちました。大学設置審議会も基準協会の色彩をそのまま当時はもち込んでいたわけです。

それが昭和三一年（一九五六）に文部省の省令として大学設置基準ができたりして、更に昭和三〇年代の後半から変わってきたのではないかと思います。それと同時に民間の方といいますか、大学の方の当事者といいますか、当時は、大学法試案などがありまして、大学管理法反対というのが、大きなテーマだったわけであります。また、昭和三〇年代になって、経済的な社会発展とともに産学協同ということが、相当大きな課題になってきた。産学協同で象牙の塔の主体性が失われる、大学の自治を守らなければならないというのが、反政府部門つまり大学側の、大きな風潮であったと思います。

〔2〕――背景

これにはどういう背景があるか、私なりの分析をしてみますと、一つは大学が非常にエリートで、小規模であったということです。このために管理がいらなくて、コントロールがいらなくて、マネージメントがいらなくて、社会から超然としておったし、それから大学自体の数が非常に少ないので、閉鎖的でそれ自体が社会的勢力ではない、閉鎖的なこと自身が問題にすらならない、そういうふうな時代ではなかったかと思います。

これも日本だけではなしに、当時の大学というのは、その程度のものであった。岩倉使節団の『米欧回覧実記』をみてますと、アメリカあたりでもサンフランシスコに行っている。どこのユニバーシティか、バークレイか、あるいはスタンフォードかわかりませんが、たぶんバークレイでしょう。「大学校ハ、邑中ニアリ、数区并立チ、窮理地理化学等、ミナ館ヲ分カチ数フ、教師三十四名アリ、所謂『ユニヴァルシチー』ナルモノナリ」(注2)と、こういうふうに言っているんですね。

それから、私が客員教授をしております（執筆当時）龍谷大学の発足当初の図（**図6・1**）でありま

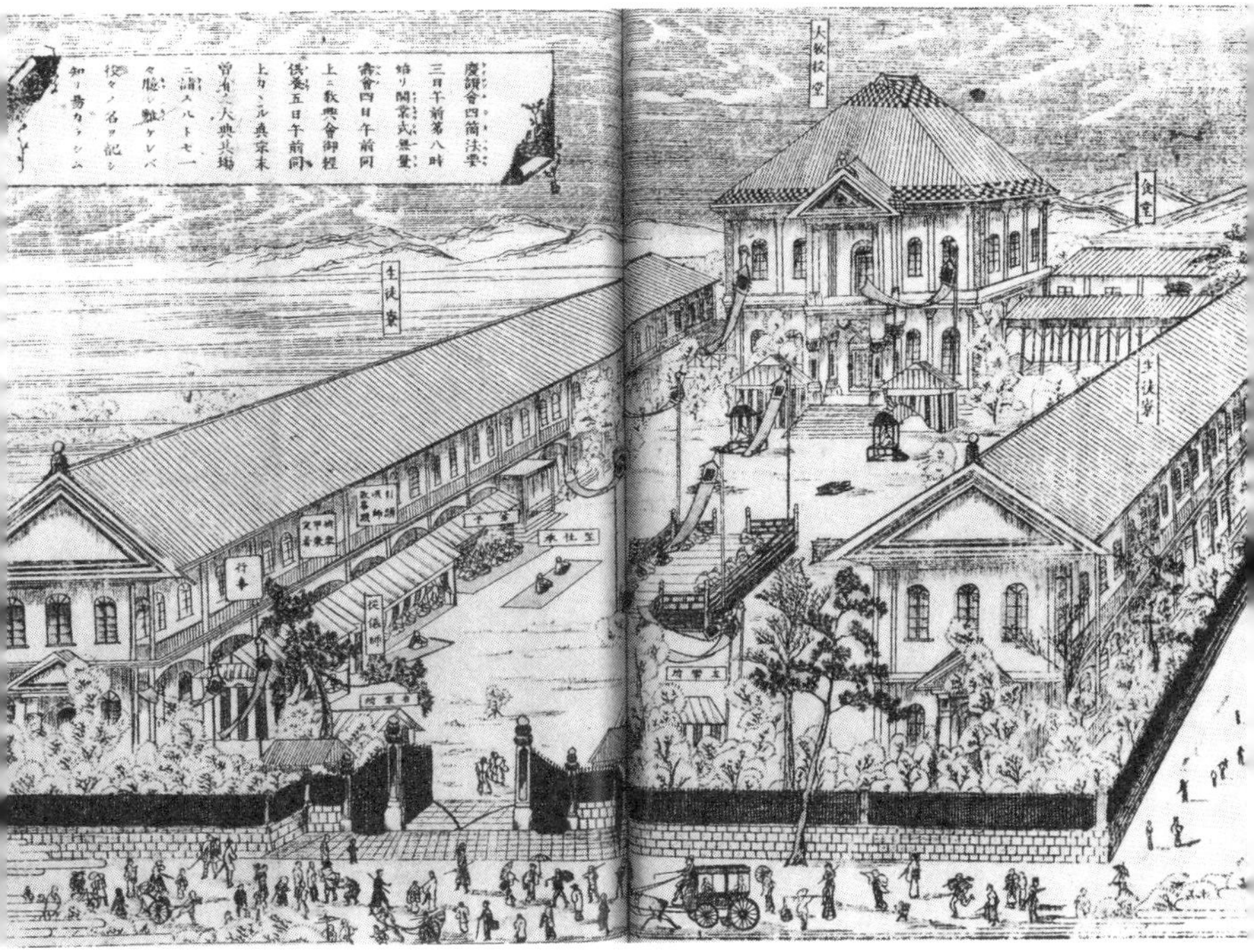

図6・1　発足当時の龍谷大学（『龍谷大学 350 年のあゆみ』P.34 ～ 35）

して、これは現在でも京都の大宮七条に文学部が入っているこじんまりした校舎で文化財に指定されております。明治の初めの大学というものは、この程度の規模で非常に小さかったわけです。これは、学生寮と一緒になっていて、当時の大学の原形を残している建物ではないかと思います。関学のキャンパスや同志社その他東京の古い大学にもこうした雰囲気はありますけれども、これほど完全な形で明治の初めの大学を今に伝えているのはないと思います。これは明治一二年に落成しているキャンパスです。

また、たとえば『学制百年史』でみますと、私立が明治一八年に四五校あって、先生の数が一七八人、生徒が四三二一人、そういう意味からいえば、私立全体が、放送大学のちょうど一割くらいの規模であったということになるわけです。官公立でも五七校で先生の数が六六一人、生徒が七二〇九人です。官公立で、一校あたり先生が約十人、生徒が約百人、当時は生徒とよんでいましたんですかね。私立で、先生が約四人、生徒が約百人というのが、初めの頃の小規模なエリートの大学の姿です。(注3)

世の中全体が、大学というものをそういうふうなものとして捉えていたのが一つと、後は前に述べた戦後の占領軍の方針と、それと同時に政治体制への反動というものが大学人の意識の上に非常に強烈であった。それは、治安維持法から体育訓練とか戦時訓練、さらには学徒動員と続いてきた、そういうふうな戦時体制の大学政策というものに反発する大学の自治というものを強烈なイメージとしてもっていたわけです。たとえば、戦前の研究所の設置なんかみましても、いかに大学の研究というものがその時代の趨勢に振り回されていたか、伝染病が流行れば医科学研究所といいますか、昔は伝染病研究所といいましたけれども、伝研ができたりします。関東大震災が起こった直後に地震研究所ができていますし、第一次世界大戦で日本の航空機のレベルの低さというのがわかって、今の宇宙研の前身の航空研究所ができたというようにです。そういう意味では完全にその時代に振り回されているというのが、戦時体制の大学の状況であったわけです。

もう一つは、こういう状況の、いわゆる発展途上段階の社会では、大学というのはやはり「自由と孤独」というものをいわなければならなかった。これは一八世紀から一九世紀にかけてのとくにフンボルトの考えではあったわけです。要するにフンボルトなんかは、大学というのは技術者や官吏の養成ではないんだ、真理を探求するんだと、まさに象牙の塔の主張であったわけです。これは推測ですが、大学が自治自由を主張するだけではなしに、プリミティブな社会では、うっかり大学と社会が関係をもつとその事によって教育研究のレベルというのが途端に下がってしまうという、そういう社会情勢をよほど考えなければならないのです。まさに戦後の昭和二〇年代というのは、そのようなことがあって、さらに三〇年代なんかも産学協同反対ですけれども、そう時代というのは、うっかり産業社会と交渉をもつと、たちまち、いわゆる即物的な短絡的な、あるいは直接的な成果を要求されてしまう、そのために基礎研究は一切進まなくなります。つまり象牙の塔を守らなければ、大学は発展しないという時代ではなかったかと思います。それを言い換えれば、大学政策のない時代でありまして、この辺を一番、まさに私どもが身にしみて感じたことです。当時、大学局長が稲田清助さん、大学課長が春山順之輔さんだったのですが、私ら若い者の間では、何を考えているのかとよく議論しました。しかし、全く意図的な政策を考えないというのを体現していたような行政官でしたが、あれはやはり当時の大学行政の代表ではないか、あの方たちが政府の政策が大学に容喙しないという考え方の代表ではないかという気がします。

〔第二節〕　社会との関係――社会的要請、大衆化

　ところが、次第に世の中の方からも要請がでてきて大学が大衆化し、社会的存在になっていきます。社会的存在になるだけではなしに、非常に大規模な国費を使って運営するようになることで、昔の超然としたイメージで、大学の自治のみを主張することは不可能になってきた、そういうところから社会との関係というのが次第に生まれてくるようです。このような大学のあり方というのは、私は、ハーバード大学のネイザン・マーシュ・ピュージーの「このコミュニティは、孤立したものだったことは一度もありません。……今日それは、国全体とも、また世界の隅々とも関連を持っています」(注4)というあの言葉が一番端的に大学というものをあらわしているんではないかと思います。ただピュージーが非常に立派だと思うのは、コナントが学長の時には、毎年四百万ドルくらいしか寄付を貰っていなかったのが、ピュージーになると四千万ドルも寄付を貰うようになったんですね。それで、後は寄付講座や、政府からの財政援助などで、この時代にハーバード大学は飛躍的に伸びたのですが、それと同時にピュージーは、大学というのは、産業社会の産物ではないんだと、そういう事をしきりに方々で言っているんですね。学者が、政府なり産業なり軍部の奴隷とならないように警告したわけです。あれだけ資金を獲得し、それまでより一桁たくさん貰うようになりながら、それを言っているところが私は、ピュージーの良いところだと思うわけです。それにしても、基本的には、社会との交渉の中でしか、

大学というものがあり得ないということを明確に意識しているのです。

【1】――社会的要請

それでは、日本はいったいいつ頃からそういうことになってきたかと申しますと、私は、昭和三二年（一九五七）の新長期経済計画、これはちょうど私が文部省に入った年で、当時隣りの課でしたが、技術教育課というところで、理工系を八千人増募計画するかどうするかということで、大蔵省との予算折衝を血眼になってやっていたことを記憶していますが、それが最初ではないかと思います。さらに続いて、昭和三六年（一九六一）には池田内閣の国民所得倍増計画における理工系一万六千人増補計画がありました。それとほぼ同時に、これは、天城勲さんが中心でまとめた白書「日本の成長と教育」（一九六二年）、ここで「教育投資論」という言葉がしきりに使われています。今から読むと相当激烈に書いてありまして、「教育は消費の性格をもつものではあるが、同時に投資として重要な意義をもっている。教育は生産の展開において、特に技術革新の行なわれるときにおいて、技術革新の成果を生産過程の中におりこんで軌道にのせてゆくための、欠くべからざる要素である。このような時代にあっては教育を投資とみるべき視点がいっそう重視されなければならない」(注5)とあります。非常にはっきり書いてありまして、これは今でも書きすぎだなあと思うんですけれども、当時これに相当な反発があったのではないかと思います。その次あたりに昭和三八年（一九六三）の中教審がきますが、一般の人は、昭和四六年（一九七一）の「四六答申」を非常に大変な事だと言います。しかし、実は天城さんもいつもそう言って、私も、寺崎昌男さんもそう言っていることですが、昭和三八年（一九六三）の中教審の「大学教育の改善について」、これは大変すごい答申です。これはまさに、社会との関係で、社会的要請の関係で大学というものを捉えた非常に大きな画期的な答申であって、世間の人はこの辺を知らないのではないかと思います。そこで言っていることは、「象げの塔よりも社会的制度としての大学が強く表面に現われてきた」[注6]、あるいは「大学の目的・使命と国家社会の要請との関係がいよいよ密接に」[注7]なって、「人材需要の社会的要請」[注8]というものが増えてきたと、それから「規模（学校数、生徒数）、配置および設置について……計画的に」[注9]などであり、高等教育計画の根がここにあるわけです。この中教審の担当局長が天城さんで、会長が森戸辰男さんだったのですが、どの辺がこれをやったのか、一度、天城さんに聞こうと思っています。天城さんの発想であったのか、あるいは森戸さんの中にそういう気持ちがあったのか、その辺はよく聞いてみる必要があります。

一九七一年の「四六答申」は、大学については、大体この「三八答申」をなぞらえて作っているものです。そこで言っている事は、種別化とか、管理なり教育研究組織の新構想、高等教育計画、それから入試改革です。なお、入試改革が政治的問題になったというのは、まさに大学が社会との関係をもちはじめたという事で、もう一つは、大衆化してきて、要するに庶民全体の政治問題になってきたということです。そこに、入試改革に振り回される大きな背景があるわけです。そういった事が中教審の大きな関心になっています。

なお、昭和四八年（一九七三）には経済社会基本計画で、無医大県の解消計画があがっています。私は、ちょうど昭和四七年（一九七二）五月一日から四年九か月、医学教育課長をやったので、いかに大学政策というものが世の中から振り回されるものであるかということが、それこそ身にしみて、エアレーベン（体験）、エアファーレン（経験）ではなしにエアレーベンしたわけで、今でも記憶が非常に鮮烈です。昭和五一年（一九七六）から高等教育計画がはじまっています。このもうすこし前にいわゆる絵はがき大学という、列島改造の中で大学をつくっていくんだという絵はがき大学が、田中内閣の政策になったわけですが、まさにこの辺のところが社会的要請と言いますか、世の中の社会政策と大学の発展というものが、完全にリンクしたところであります。

【2】——大衆化

もう一つ、大衆化です。これは社会的な関係という面があり、また、あるいは、大学自体の内在的な問題もあり、非常に微妙なところです。大衆化というのは、両方の要素をもっているのだと思います。基本的には、所得水準の向上によって大学進学率が上昇するということになると思っています。この前『学制百二十年史』を書く時にだいぶ内部で議論して、私は結局少々譲りましたけれども、私は日本の教育政策を決定したのは、ベビーブームであると思っています。とくに『学制百二十年史』というのは、最近の二〇年を主に書いていますが、この二〇年というのは完全にベビーブームに振り回されて、教育政策が決まってきたんだと、そこのところを鮮明に書きたいと言ったのですが、ちょっと皆さんから慎重にと言われて、『学制百二十年史』はそこのところがトーンダウンしています。

私は、マーチン・トロウの話は必ずしもよく知りませんが、日本は第一次ベビーブームの後は要するにマス・エデュケーションにマス・ユニバーシティになっています。それが**図6・2**に非常に端的にあらわれています。

私は、この人口動態の表をみて、これだけで大学の講義の二単位分くらいはゆうに講義ができると、いつも言っていますが、これは実にいろんな大学政策のバックグラウンドなり、あるいはその政策自体のあり方を説明するバックデータになっています。人口動態に左右されて、まずマスの大学になった昭和三八～三九年（一九六三～六四）年ですね。この昭和三九年のところで、終戦当時の子供がどっと減ったためにそのすき間に志願者が増え、進学率はいっぺんに一九・九％になりました。ここのところから、日本の大学は転換しなければならなかった、つまり現実がここでエリートからマスへ転換したわけです。ところが先ほども言いましたように世の中なり、とくに大学の間では、象牙の塔の超然とした前世紀的な大学像のイメージのままで、結局大学というのは、エンタープライズにならないで、全体的な組織として考えられなくて、非常に前世紀的な仕組みとしてしか考えられなかった。そこの乖離のところに大学紛争の大きな要因があったということが分析できるわけです。

自分の属している大学のことを悪く言って恐縮ですけれども、今でもこのまさにマスからユニバーサルの大学になっている放送大学でも、たとえば専攻特論をどうするか、あるいは試験は、やはり択一式でなしに記述式の方がいいのではないかとそういう議論がなされています。私は先生方に、もう議論の問題ではないんだ、やむをえず、しょうがなしに変えていかざる得ないのではないかと、まさにマスの教育にあるいはユニバーサルの教育になってしまったんだから、もう良い悪いではなしに、そういうエリートの時代は完全に過ぎていると言っているのですが、先生方の中では、その前世紀的なイメージとの乖離というものがあるのです。最近は世の中落ち着いているから紛争も起こりませんが、昭和四〇年代の初めに大紛争が起こったのです。

そこで昭和三九年（一九六四）の一九・九％ということで、完全にエリートの大学からマスの大学に転換した。そこへ一八歳人口が二四九万人に増えて、この時には戦後の荒廃はまだ続いてまして、施設設備は非常に狭隘であったり不備であったりしますし、それだけではなしに、とくに私学を中心にものすごい詰め込み教育を、三倍、四倍の詰め込みをやっていた。だからそういう意味では大体、人間の密接距離というのは数十センチだとか言いますけれども、大学はその密接距離を完全に超過してしまって、ものすごいストレスを感じていた。

そういう背景があるところへ、もう一つ、非常に大事な要素であるのですが、昭和四一年（一九六六）には三四％の進学志望率に対して、一六・一％しか入れなかったんですね、この三四％から一六・一％

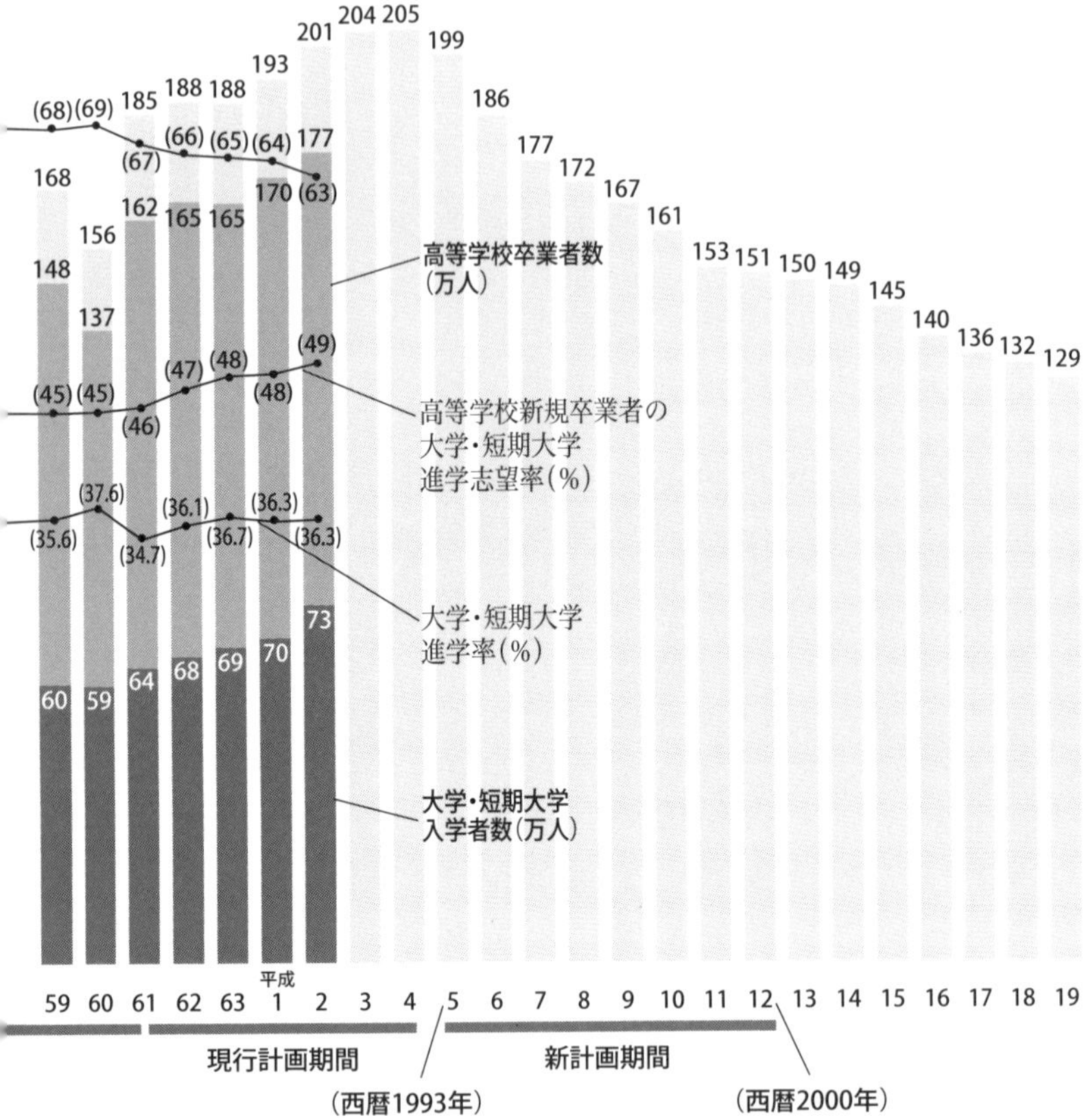

$$
\text{大学・短期大学進学率} = \frac{\text{当該年度の大学・短期大学入学者数（過年度卒業者を含む）}}{\text{3年前の中学校卒業者数}} \times 100
$$

$$
\text{合格率} = \frac{\text{大学・短期大学入学者数（過年度卒業者を含む）}}{\text{志願者総数（過年度卒業者を含む）}} \times 100
$$

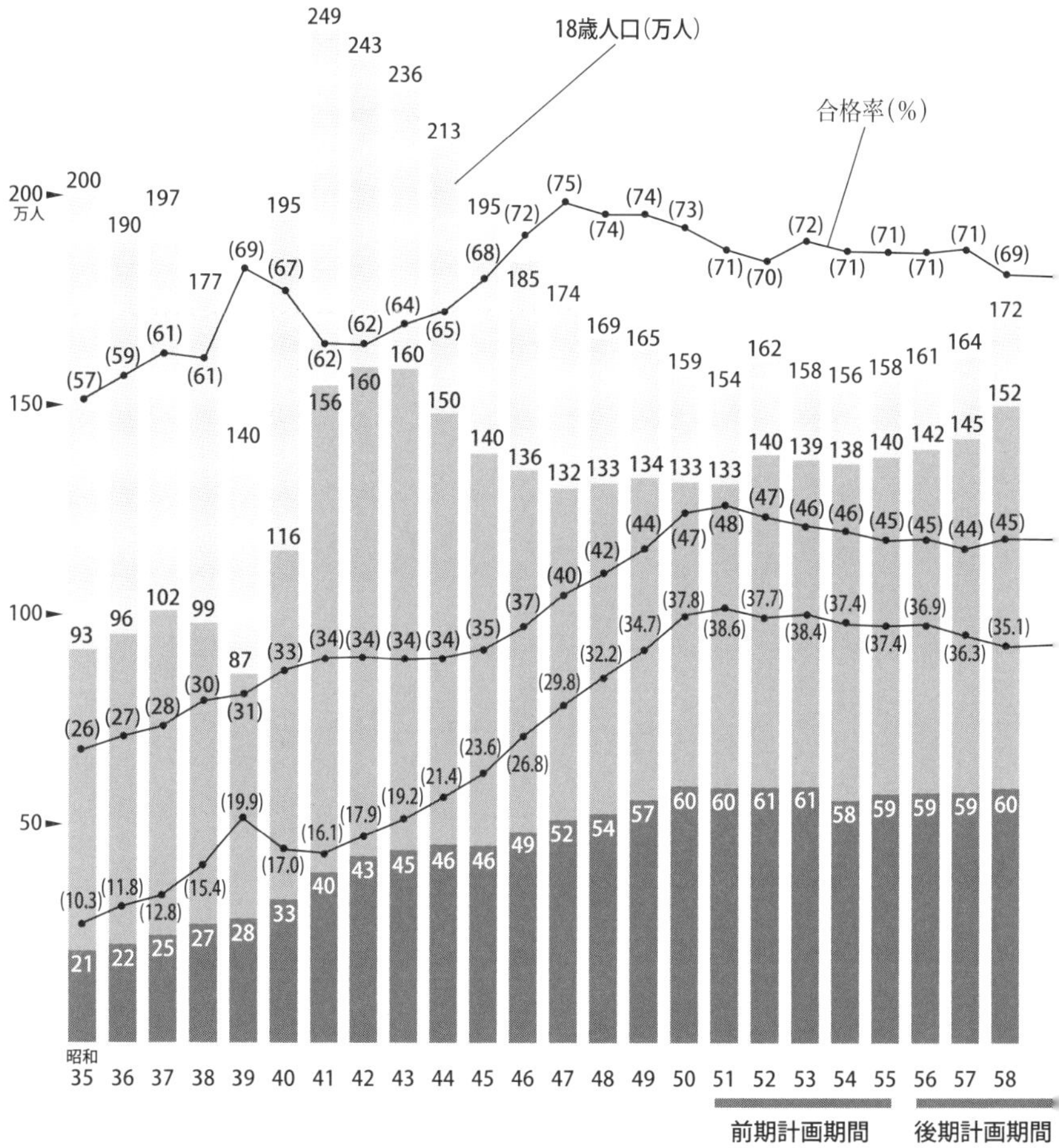

18歳人口＝3年前の中学校卒業者数

$$\text{高等学校新規卒業者の大学・短期大学進学志願率} = \frac{\text{当該年度高等学校卒業者のうち大学又は短期大学へ願書を提出した者の数}}{\text{当該年度高等学校卒業者数}} \times 100$$

図6・2　高等教育の規模等の推移

を引きますと一七・九％が進学できなかったことになります。たとえば昭和三九年（一九六四）に大学に進学できなかった者は一一％ですけれども、これが一挙に一七・九％になったのです。志望率と進学率のギャップというものが急速に開いてきた、ここのところの不満というのが、非常に大きなパワーになったわけです。大学改革は展開しないし、施設設備は悪いし、しかも希望者が一七・九％も入れないという事になったわけであります。こういう意識があるものだから、今度は第二次ベビーブームでもどうするかということが、非常に大きな問題だったのです。臨時定員増というのがこういうところから出てきたわけです。ところで、進学率と志望率との差のことですが、ずっと右の方へいきまして**図6・2**は平成二年（一九九〇）までしか作っておりませんけれど、平成二年のところでは、志望者が四九％で、三六・三％が入ってるんですね。そうすると一二・七％が入れない。これが平成三、四年にはもっと増えているわけなんです。私どもは昭和四〇年頃、第一次ベビーブームは大学紛争があって大変な混乱だったんですけれども、もう一度、第二次のベビーブームが必ずくる、その時にもう一回同じ問題が起こるだろうとしきりに議論しておった。それは考えてみれば、たとえば、平成二年で四九％の志願率に対して三六・三％しか入っていませんから、これを引算してみますと一二・七％なんですね。一二・七％が第二次ベビーブームの平成二年に入れなかった。ところが昭和五五年（一九八〇）をみていただきますと、四五％の志願率に対して進学率三七・四％、これを引算すると七・六％という数字になります。だから、昭和五五年の一八歳の若者は七・六％が入れなかった、ところが平成二年の子供は一二・七％が入れなかったということになります。これはものすごく不満が倍加するわけですね。必ず問題になるだろう、もう一度第二次の大学紛争があるだろうと言ってたのです。ところが、今の子供は非常に早熟で大学生になるまで暴れるのを待っていなかったわけです。そして、どこで問題を起こしたかといいますと、五〇年代の中学校のいわゆる学校教育の荒廃というのがそれです。要するに第一次ベビーブームの大学紛争に対して、第二次の偏差値だとか、中学校のいじめだとか、登校拒否だとか、校内暴力とかいった社会問題になるわけです。第二次ベビーブームの、一二・七％というギャップが、まさにここで教育改革を求めて、中曽根内閣の時に臨教審を作らしめたわけです。第一次のベビーブームが大学改革であり、第二次のベビーブームが臨教審による教育改革だというのが私の分析です。

それにしても、昭和四〇年代から大学はどんどん大衆化してきたのだから、変わるべきだった。しかし、ここで非常に大きな問題は、実は大学はここで完全に買い手市場になったのです。この時は経済成長が続きまして、それでもって授業料は上げることができる、進学率も上がる、第一次ベビーブームが済んだ後で、必ず大学生は減ると議論していたのですが、ところがこれが進学率の向上によって減らなかった。だから、たとえば昭和三八年（一九六三）の入学者二七万人が昭和四一年（一九六六）に四〇万人になり、昭和四三年（一九六八）に四五万人になり、それが六〇万、六一万となって、平成二年では七三万ですが、一貫して大学生の絶対数は減らなかったというより、むしろ増えているのです。

こんな社会というのは他にはないわけでして、この間に産業界はオイルショックを二回、円高のショックを二回受けてるし、社会主義体制ですらペレストロイカをその後やっています。大学は今まで完全に何もしなくても、だから私はよく大学人に言うのですけれども、あなたたちの努力で大学が伸びてきたのではなく、完全にこの二十数万人が、七三万人まで伸びる、この学生たちの売り手市場というのか買い手市場というのかわかりませんが、その圧力が大学を発展させたのであって、大学は本来変わるべきであったのだけれども、実際は何も変えなくてもこういうふうに成長してきたんだといつも言うわけであります。

それだけに今度は、本当に激しくリストラをやらなければならないわけで、文部省の高等教育局なんかも色々試算をしています。非常に単純に言いますと、**図6・2**には描いていませんけれど、平成三〇年（二〇一八）くらいになりますと一八歳人口が一二〇万人になるわけですね。この一二〇万人になったところで進学率を四九％としますと、六〇万人が大学へ入ることになります。今七三万人入っているんですけれども、希望者全員入れても六〇万人で一三万人も少なくなります。完全に大学はがらがらになってしまうという状況で、大変な事になっていくわけです。本当にこれからは大学は相当のショックをうけることになります。

なお、参考までに日本ではこの昭和四一年（一九六六）くらいから大学紛争が起こりますが、フランスの五月革命が起こっているのは昭和四三年（一九六八）年です。この頃はアメリカあたりでも大学紛争が非常に激しくなっていました。これは一体どういうふうなデモグラフィー（人口動態）の中でおこっているのかというのが**表6・1**でして、日本だけではなしに、たとえば、フランスは一九六〇年から一九七〇年にかけて、二〇歳から二四歳の男性について言いますと、一四七万七千人から二一一万六千人、一九七五年に二一六万二千人に増加しています。ものすごい勢いで増えて、まさにここのところで五月革命が起こっているわけですね。カルチェラタンがどうにもできなくなってしまって、ナンテールへ移動したのです。最近でこそナンテールは随分よくなりましたけれども、ナンテールの場所はちょうど幕張みたいな感じです。何もなくてしかも女子寮へ男性が入ったら駄目だと言ったもんだから、それでなくても一四七万七千人が二一一万六千人になって、不満が渦巻いているところへナンテールへ移されて、しかも寮へも遊びにいけないということになったというのが、革命の契機です。ここのところ日本も同じ様な状況でおわかりになると思います。アメリカもですね、これは喜多村和之先生がいつもよくご紹介されるんですけれども一九六〇年の五五六万九千人が一九七〇年の八六四万九千人、それが一九八〇年に一〇五四万人にまで増えている、大方倍増しています。アメリカでも大変な事であったということがわかります。

なお、別な話ですけれども、いわゆるエコーベビーブームをもっているのは日本が三八一万から五三七万迄増えていったんそれが四〇〇万まで減って、また四四六万まで増加して第二次のベビーブームが起こります。こういう形をとっているのはイギリスで、二一五万に増えたのがいったん

［20～24歳 女性人口］ 単位：千人

国名	1950	1960	1970	1975	1980	1985	1990
アイスランド	6	6	8	10	11	11	10
アイルランド	100	79	102	116	128	143	(149)
アメリカ	5,986	5,566	8,539	9,550	10,398	10.192	8,920
イギリス	1,780	1,690	2,099	1,894	2,039	2,282	2,200
イタリア	2,017	2,014	1,981	1,920	1,995	2,193	2,209
オーストラリア	312	324	524	574	608	620	612
オーストリア	246	237	256	253	278	310	292
オランダ	396	396	577	553	570	597	583
カナダ	557	582	913	1,056	1,211	1,226	1,053
ギリシャ	369	369	309	306	342	353	375
スイス	192	196	244	240	226	240	231
スウェーデン	230	227	321	277	267	277	293
スペイン	1,352	1,099	1,233	1,311	1,437	1,528	1,524
デンマーク	148	150	202	183	180	190	191
ドイツ	1,847	2,336	1,820	2,100	2,271	2,554	2,393
トルコ	961	1,127	1,391	1,663	2,083	2,426	2,639
日本	3,906	3,876	5,410	4,560	3,924	4,011	4,289
ニュージーランド	69	75	115	125	146	156	148
ノルウェー	113	102	152	146	151	151	159
フィンランド	162	160	216	205	196	187	173
フランス	1,580	1,406	2,001	2,086	2,076	2,093	2,031
ベルギー	324	285	354	364	383	393	367
ポルトガル	382	345	349	384	409		
ユーゴスラビア	813	803	839	966	923	896	877
ルクセンブルグ	11	11	11	14	13	13	12

表6・1 OECD各国の男女別人口

［20〜24歳 男性人口］ 単位：千人

国名	1950	1960	1970	1975	1980	1985	1990
アイスランド	6	6	9	10	11	12	11
アイルランド	108	83	107	121	134	149	156
アメリカ	5,745	5,569	8,645	9,679	10,520	10,317	9,033
イギリス	1,754	1,725	2,153	1,982	2,140	2,392	2,319
イタリア	2,014	2,053	2,062	1,994	2,037	2,298	2,306
オーストラリア	329	345	551	586	630	651	639
オーストリア	244	245	265	259	289	321	303
オランダ	404	410	608	577	593	622	607
カナダ	551	596	914	1,073	1,247	1,263	1,083
ギリシャ	351	371	330	332	361	372	397
スイス	167	210	243	233	235	249	240
スウェーデン	230	236	337	288	281	289	307
スペイン	1,329	1,140	1,278	1,302	1,488	1,593	1,594
デンマーク	148	153	214	192	190	197	201
ドイツ	1,809	2,452	1,905	2,140	2,322	2,603	2,430
トルコ	978	1,178	1,532	1,830	2,281	2,651	2,871
日本	3,850	3,814	5,370	4,630	4,053	4,168	4,460
ニュージーランド	73	78	117	132	150	162	153
ノルウェー	119	109	161	156	157	157	170
フィンランド	165	155	229	216	203	194	178
フランス	1,639	1,477	2,116	2,162	2,140	2,168	2,106
ベルギー	331	280	370	385	414	430	403
ポルトガル	380	376	312	371	416		
ユーゴスラビア	771	734	869	1,009	965	937	914
ルクセンブルグ	12	11	12	14	14	14	12

出典：Based on OECD, Demographic Trends 1950-1990, Paris 1979による
※1980年以降は推計値

一九八万まで減りまして、それ二三九万まで増えています。日本とイギリスだけがこのベビーブームの二つの山をもっているのですが、他の国は大体ベビーブームは一回で済んでいます。このように大学紛争なり、大学改革、あるいは大衆化現象は、日本だけではなしに起こっているのがありありわかるわけです。

〔第三節〕　生涯学習

大衆化と同時に起こってきたのが生涯学習の問題です。生涯学習については、皆さんもそうでありましょうけれども、私も二つの立場から分析しております。一つが、ライフロング・ラーニング。ライフロング・ラーニングというのは、主としてユネスコがライフロング・エデュケーションで主張してきたことであり、これは従来型の継続教育というものを再認識したのだと私は考えています。また、エデュケーションでないライフロング・ラーニングという言葉を使ったときには、要するに世の中の精神的なサービス機関といいますか、豊かさのサービス機関、生活をエンジョイするサービス機関全体を生涯学習として捉えようという立場から、ライフロングラーニング型というのをとっているわけです。ライフロング・ラーニング型というのは、どちらかというと消費型からみた生涯学習だといえます。

ライフロング・ラーニングに対し、もう一つは、社会の高度化変化による再教育といいますか、楽しみではなしにまさに生産的な側面からみた、生涯学習という立場です。これは、リカレント・エデュケーションであり、私どもとしては、生産の側面からみた教育のあり方とこういう捉え方をしたいわけです。必ずしもすべてがそうではありませんけれども、リカレント教育はそういう傾向が強い。このリカレント教育の一番の大きな特徴は何かといいますと、継続より断続へということです。決して継続教育ではない。いったん世の中に出てしまうという、まさにフロントエンドモデルからの断絶というわけですね。ＯＥＣＤも指摘していますが、世の中が高度化変化するということになりますと、どうしてもいつまでも勉強を続けなければならない、青年期までの学校教育だけでは技術なり知識の発達なりについていけない、陳腐化していく、そういう世の中です。ところが、それに応じて従来の継続教育という概念をとると永久に学校から外の社会へ出ていけない、教育の社会から外へ出ていけないということになる。そこのところを一体どうしていくのかというのが、リカレント教育の一番の大きな関心事なのです。教育年限を無限に延長していくと、モラトリアム人間を作るだけでなしに、資源の浪費になってしまう。そこでぜひ一度社会へ放り出さなければならないというのが、リカレント教育の重要な考え方です。それは、教育資源というのは永久に補充し続けることはできないので、社会へ学生を出すという点があります。しかし、かえってそれが若者の学習動機といいますか、課題意識といいますか、社会経験なり労働経験を積むことによって、新たな学習動機が生じるという事で教育にとって非常にプラスであるという、それがリカレント教育の重要な考え方になっています。

それと同時にもう一つ、これは、ＯＥＣＤではあまり言っていませんけれども、私がそう分析しているのですけれども、世の中がプリミティブで自由と孤独を主張しなければならなかったような社会から高度社会になってくるとともに、世の中が、非常に進んだ事によって、そういう社会の経験を積ませるということが必ずしもマイナスでないという事が、非常に大きな要素ではないかと思っています。マイナスでないどころか、とくにエンジニアリングやテクノロジーの分野では、むしろ、社会へ出なければ大学の象牙の塔の方の研究の発達が遅れてしまうということがあります。そのような意味でまさに今日自由と孤独というのは、それは言い換えれば、社会から遅れてしまうことにもなります。そうではなくて、社会の方が進んでいる、そういう高度社会というものを考えなければならないのです。そうなれば、社会から得るだけではなく、そういう高度な社会では、あまり即物的な直裁的な要求というものを社会がしなくなる。社会に余裕ができてくる、社会自体が自分たちの中で基礎研究なり、あるいは無目的な研究の自由というものを認めるようになります。そういうふうな社会の変化を考慮にいれなければ、リカレント教育というのは考えられないのではないかと思います。

こういうふうなことから、これはあからさまに名指しはしておりませんけれども、どうもパリの中でユネスコとＯＥＣＤの間には考え方の違いがあるようでして、ＯＥＣＤの分析の仕方は、教育は社会からの回避なり隔絶だということです。そういう回避隔絶を恒久的、継続的におこなうことは反対であるというのがＯＥＣＤの主張のようです。継続的な生涯教育なり永久教育というのは有り得ないんだといっています。文部省の訳文で、恒久と言わないで永久的教育と訳しておりますけれども、永久的教育はあり得ないというのが、ＯＥＣＤがしきりに言っていることです。これは明らかに、ラングランなんかがいったエデュカシオン・ペルマネントを意識して、永久教育なんかは有り得ないということを言っているわけです。教育と他の諸活動を交互におこなうという、そういう原則というものがリカレント教育なんだと、パーマネント・エデュケーションと区別されるんだということを言っているところに、ＯＥＣＤの一つの考え方が出ています。

こういうふうな事で、自分の業績をひけらかすようで恐縮ですが、今回改めて自分が書いてきたものをふりかえってみます。昭和四一年（一九六六）に、私は「多人数教育は可能である」と書きました。マスプロ教育を嘆くよりも積極的にそれに取り組んでいけという、私はこの時にマーチン・トロウを全然読んでいなかったんですけれども、ここで大学大衆化現象とかソーシャル・ニーズとか、それからマスプロ教育のすすめとか、あるいは徹底した多人数教育とか、大学の協業組織とか、今から思えば、まさに放送大学に来ることを宿命づけられたようなことを書いています。

それから、私の専門の分野の法学教育で二回書いているのですが、一つは、昭和五五年（一九八〇）の「エリートの学部から大衆の学部へ」、この時は多分マーチン・トロウなどは意識していたのではないかなと思います。それから『法学教室』でもう一回依頼をうけて、一九八五年「変わりゆく法学部」という論文で分析しましたが、昭和四〇年から昭和五〇年の間に、国公私立含めて法学部がものすごく増えていることがわかります。ここで少し就職状況などを分析していますけれども、まさに法学教育はここで大衆化したのだと思っています。

こうした中で、これから生涯学習を展開しなければならないのですが、昭和五一年（一九七六）に専修学校制度ができて、すごい勢いで専修学校が伸びてきました。昭和五一年に五万四千人であった専修学校専門課程の人数が、平成二年（一九九〇）には三三万九千人まで伸びています。その意味では我が世の春なのですが、この学生のリソースはどこからきたかといいますと、大学を志願しながら入学できなかった者の数が、昭和五〇年（一九七五）には二二万四千人、それが平成二年（一九九〇）には四三万九千人へ二一万五千人増加しています。この二一万五千人が専修学校専門課程に流れ込んだわけです。専修学校はそれほど努力して吸収したのではなく、大学に入学できなかったものがここへなだれこんだという、そういうことでしかないのです。そしてこれから一二〇万人まで一八歳人口が下がってくるとどういう現象が起こるかということですが、それは、大学が大衆化、あるいはユニバーサルの大学に向けて、どう変えていくかという事との相関関係なのです。もし今のままの教育方針の大学であるならば、大学は規模を縮小して推移していく。ところが、大学が本当に専修学校のような教育をすれば、三三万九千人が大学に吸収されていき、大学にもどっていく。そのため大学の規模は縮小しなくてもよい。こういうことになるわけです。それだけに、大学の先生は大変なことですが、専修学校というのは、そう言ってはなんですが、まさに基礎教育なんですね。大学が手を取り足を取りして補習教育のようなことをやれるのかやれないのかということが、この三三万九千人を吸収できるかどうかになるのです。これからは本当に大学の冬の時代で、いったいどういうふうに変えていくのか、専修学校と学生の立場に立てば、大学は縮小するのか、それとも、専修学校の方も多様な学生を吸収するのか、ものすごいトレードオフが起こってくるということが言えるのではないでしょうか。それだけに大学のあり方というものをよほど考えなくてはなりません。人口動態でいえば、第一次のベビーブームで二五〇万人が一五〇万人まで減ったという時にマスのユニバーシティになったわけですけれども、今度は一二〇万人にまで減少するところで、大学への進学率が多分五〇%を超えるのではないかと思います。そこでまさにユニバーサルなユニバーシティになってくると思います。それでなければ、一部の大学の閉鎖をしなくてはならないということになります。

もう一つそうは言っても、一八歳人口だけを考えるから、こういう事になるんだけれども、そうではなしに年齢の高い者をどういうふうに考えるのかという問題、これは大学と生涯学習の非常に大きな関係になっていきます。これからはいわゆる被扶養者が非常に増えて世の中大変だとよく言いますけれども、あれは完全に誤った説なんですね。**図6・3**は、東大の医学部の古川前教授が分析したものから私が教育の人口に替えて作ってみたものです。これによりますと、実は労働人口が、非労働人口を支えなければならないというのは、その比率は何年経っても全く変わらないんですね。一九二〇年には、総人口の中で働いてない人が五三・七%、一九八〇年には五二・三%、二〇二五年には、やは

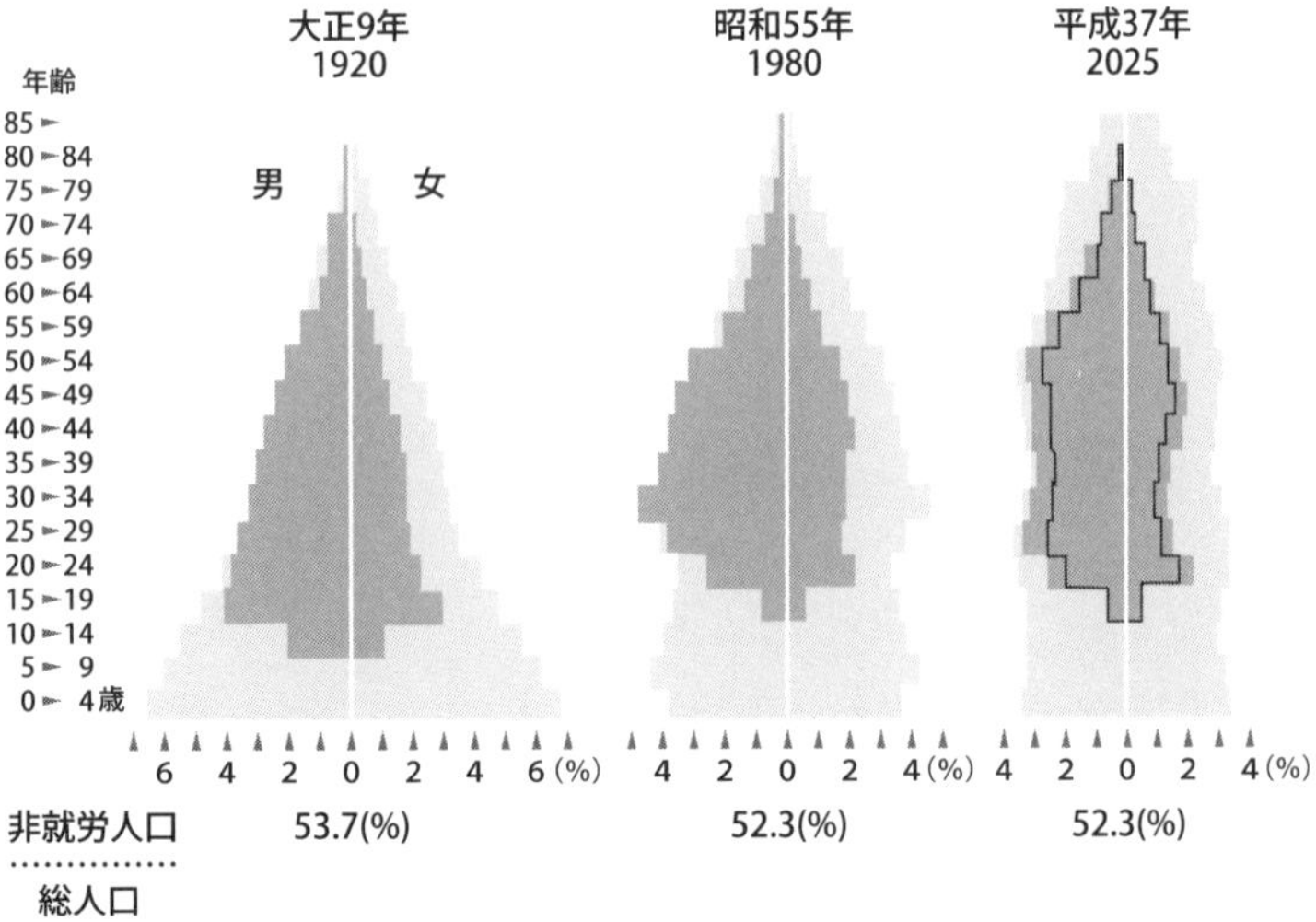

図6・3　日本の人口ピラミッドと就労人口
（古川俊之『高齢化社会の設計』P.119より推計して作図を変更したもの）

り五二・三％です。だからこれからは、労働人口が、非労働人口を支えて大変だと言ってますけれども、大変さ加減は一九二〇年も二〇二五年も全く同じなんですね。今までは実は、どういうところにお金を使っていたかと申しますと、この下に水平に広がっている若い人を対象に教育するようになっていたのです。これからは、縦型になって上の方に、高齢者に伸びていく非就労人口、これを扶養しなければならない、社会保障しなければならない、それが大変だといいます。私はよくいうのですが、ライフロング・ラーニングで遊び型でいいから、むしろ教育の中に積極的な楽しみの中に老人を囲いこんでいく。そうなれば、医療費が非常な勢いで伸び、また老人医療費が五兆円を超えましたけれども、たとえば老人医療費の二〇％を教育費にまわしていけば、非常に安い経費で、しかも病気を直すというマイナスへの対処ではなく、積極的な目的で使えるのではないか。今の老人は行くところがないから仕方なく老人医療機関へ行く、だから老人医療機関はカーペットを敷いたりして、ロビーなどきれいにしてあります。だから少なくとも公民館は、病院のロビーよりもきれいにして下さいというのが私の主張なんです。病院へ行くなら公民館へ行きたいなという雰囲気にしなければ、日本の資源の使い方としても非常に大きなマイナスではないかと思います。そのようにお金の使い方を考えれば、総人口が非就労人口を抱えるという状況は全く変わっていないわけです。これについても、OECDは、これからの生涯保障の時代というのは、教育費という考え方があるのかどうかよりも、労働経済費とか、あるいは社会保障費とか、それを教育費にどういうふうにうまく導入していくかその方が問題だといったことを議論していた記憶がありますが、そういった時代になっていく。まさにここに、生涯学習の大きな方向性があるのではなかろうかと思います。だから、放送大学が難しくても仕方がないと思いますが、難しいことだけが大学か、教育機関か、難しいことも大事だが高齢者も吸収できるような大学も必要であると、そういった考え方をとっていかないと、この二〇二五年のこの就労人口の構造に対応できないのではないかと思います。教育のあり方を直し、資源をうまく配分すれば、教育機関にも充分そういう資源が回ってくる余地はあるわけです。

大学についても、文部省の統計課作成の「社会人学生受入れの国際比較」によると、まだ日本の場合には、パートタイム学生の比率が少ない。これはディグリーコースだけをあげていますが、パートタイム学生の比率はアメリカの場合でも四二％、イギリスでも三七％あります。フルタイムの中でも、これはアメリカの例ですけれども、二二歳以上二四歳までが一〇・〇％、二五歳以上は一一・六％、パートタイムになりますれば、二二歳以上二四歳までが六・七％、二五歳以上は二九・〇％になっているわけです。また、National University Continuing Association で調べた“STUDENT CHARACTERISTICS”をみますと、最近は、一九九〇年でパートタイムが三九％に増加して、フルタイムは五一％にまで減少しています。これはバカロレアレベルですから単なるエクステンションではないのですが、ものすごい勢いでパートタイム学生が増えているということがわかります。これらから、大学が生涯学習として、どのように変わっていくかという問題が非常に重要になってくるのです。

そういうことを考えると、従来の教育はペダゴジーといわれているわけですが、それがアンドラゴジーにどう変わっていくかということが非常に重要になってくるわけです。皆様にはいうまでもありませんが、ペダゴジーいうのは子供を対象にする、それに対してアンドロスというのは成人でアンドラゴジーというのは成人を対象にする指導です。大学設置基準などは、まさに基準の改定という意味ではその辺を意識しているのです。学校教育法の理念目的を変える必要はないのですが、実体的に大学あるいは教育というものの理念目的をどう変えていくのか、それから内容なり教育方法なり、その他の教育機能をどういうふうにするか。そういう意味でこれからアンドラゴジーというのが非常に大きな問題になってくるし、あるいは問題にするようになり、啓発する必要があるんじゃないかと思います。

アンドラゴジーというのは、一八三三年にドイツのカッパーという人が最初に使ったといいます。なぜドイツで使いだしたのか、よく知らないですけれど、ヘルバルトなんかと相当論争しているんですね。アメリカでは最近で言えば、一九六七年にロールスという人がいるんですが、これをしきりに主張しています。これから日本でも、この問題を相当考えなければならない時代になっていくと考えるのです。それがまさに社会との関係の中にどう大学を位置づけていくのかということになるわけです。

最初はまさに大学政策のない時代ということで、昭和の二〇年、三〇年代の前半くらいまでやっていましたが、それがだんだん社会に含まれていって、それと同時に大衆化現象が起こってきて、非常に激しい大学問題の変遷を経てきたという、そういう事を自分の体験を通じて述べさせていただきました。

注

（1）　文部省調査普及局『米国教育使節団報告書』

（2）久米邦武編『米欧回覧実記〈一〉』岩波文庫、九九頁。
（3）文部省『学制百年史』一九七二、二三〇頁。
（4）E・J・カール著、渡辺通宏訳『ハーバード大学—生き残る大学』二三〇頁。
（5）文部省「日本の成長と教育」一九六二。
（6）中央教育審議会答申「大学教育の改善について」一九六三、Ⅰ。
（7）同前、Ⅰ。
（8）同前、Ⅱ、1、(1)。
（9）同前、Ⅱ。

※初出＝放送教育開発センター「戦後高等教育政策形成に関する研究会」研究発表記録（一九九四年四月）

第七章　万人の大学

1996 March

［第一節］　多様な大学、万人の大学

［1］——一八歳人口の激減

いま、大学改革が花盛りである。

実は、大学改革は、およそ大学という制度が発足して以来の課題であり、特にわが国では、一九六〇年代末の大学紛争以来のテーマであった。さんざん議論されながら、実行に移されなかった。

「なぜ、いままで実現しなかったのに、急に改革が始まったのでしょうか」

「一つの事情は、平成三年（一九九一）の大学設置基準の改正による弾力化のためでしょう」

しかし、あの保守的で、また文部省のいうことにはすべて反発する大学人が、滄桑《そうそう》の変を起こしたのはなぜか。筑波大学以来、新構想や、あるいは独立大学院など制度改正が相次いだのに、一般の大学は上からの改革は自分たちと関係ないと見向きもしなかった。

「そうです。文部省の基準の弾力化に従ったのではありません。別の事情、そして、これが基本的なのですが、平成五年（一九九三）から始まった一八歳人口の激減です。いままで押し寄せる受験生を前にしてあぐらをかいていた。これからは違う。大変だ」

「なるほど、それはわかる。でも一八歳人口が減ることは一八年前からわかっていた」

「そう。でも悠然と構えて、足もとに火がつかなければ動き出さないのが大学です」

近ごろになって、やっと動き出した大学改革であるが、まだその方向について大学関係者の認識が甘いようにみえる。一八歳の人口動態を契機として、また現代の社会、経済態勢の激変を前にして、大学はいま本質的な改革を迫られている。実は従来のままで存続する大学は、二一世紀までには解体して多様化し、万人の大学になることを迫られている。

「万人の大学とは、どういうことですか」

「とにかく、新しく生き残るためにだれでもすべて大学に迎え入れることです」

これから大学が存続するためには、従来の常識では考えられないほど多様なものに変質し、いろいろな人々を迎え入れなければならない。

〔2〕──大学存続の社会的意味

さていま、大学を多様化して、万人の大学にならなければいけないとしたが、そうしなければならない状態が生まれるのは、一八歳人口が急減することが原因である。それはどういう事情になっているのか。

平成四年（一九九二）まで、わが国の一八歳人口は二〇五万人まで急増した。大学は臨時定員増を抱え、大した工夫をしなくとも受験生は増えて入学者の偏差値は高くなり、発展した。

この一八歳人口は平成五年（一九九三）から減りはじめ、平成一二年（二〇〇〇）には一五〇万人となる。これは現行の高等教育計画の最終年度として、臨時定員の最終期ともされた年でもある。そのあとさらに減り、いずれ、一二〇万人を切ることになる。経営体としての大学は、いままで大まかにいえば二百万人の一八歳人口規模を前提として成り立っており、入学者としては八〇万人、つまり進学率約四割というのが、およその規模なのである。そのまま四割の進学率を前提とすれば、将来、人口が百二〇万人まで減るなら、大学の窓口は約五〇万人でよく、入学規模で三〇万人分を閉鎖しなければならなくなる。八〇万人の入学規模を五〇万人まで縮小する。これは大変だというのが、現在の大学なのである。

ところが、この話をあるジャーナリストとしていたところ、彼は何が大変なのかいっこうにわからないという。先のようなデータを説明しても、ますますわからないという。

「何が大変なのでしょうね。若者の数が減って大学が余ったら、その分だけ閉鎖すればよいだけではないですか」

「でも、多くの同窓生を抱える大学がなくなる。大変です。今まで、わが国ではそんなことは経験していません」

「公立の小学校など廃校したのは、ざらでしょう」

「うむ」

「他の世界では、炭坑閉鎖や、国鉄の路線廃止、近ごろではバブルがはじけて倒産、閉鎖した会社はごまんとあるでしょう。世の中、不必要になれば消えるものなのでしょう」

「うむ」

「大学が不必要になれば、閉鎖すればよいだけで、社会的には、誰も困りません」

「うむ」

「要らないものがなくなるのが自然で、無理をして存続させるのは間違いでしょう」

なるほど、世間の常識では、「大学が冬の時代」に入るなど、何の問題でもないのだ。実際、大学が存在するか否かという問題は、生き延びることが本当に世の中のためになるときだけ、意味があることなのである。

[3]――三分の二の進学率

大学が、いまの八〇万人の窓口のままで残れば、将来、一八歳人口が百二〇万人になるので、ちょうど国民の六七%、つまり三分の二が大学に入学することになる。

「三分の二も入学させることはないでしょう。従来どおりに四割の進学率のままでも、多すぎるぐらいです」

いずれの数字を取るかは、所詮、国民の決めることであるが、少なくとも、大学の側として八〇万人の窓口を維持しようとするならば、これからの大学は、よほど社会に必要とされるものに変身しなければならない。社会的に存続する意味があるときのみ残りうるのであって、そのためには目的、内容、形態を変え、多様化していかなければならない。つまり、国民の三分の二が進学する大学に改革しなければならない。これが、この節の「多様な大学、万人の大学」の意味である。

ではどうすれば、国民の三分の二も大学へ進学させるようになるのか。そのためには、いかに従来の大学を改革しなければならないのか。

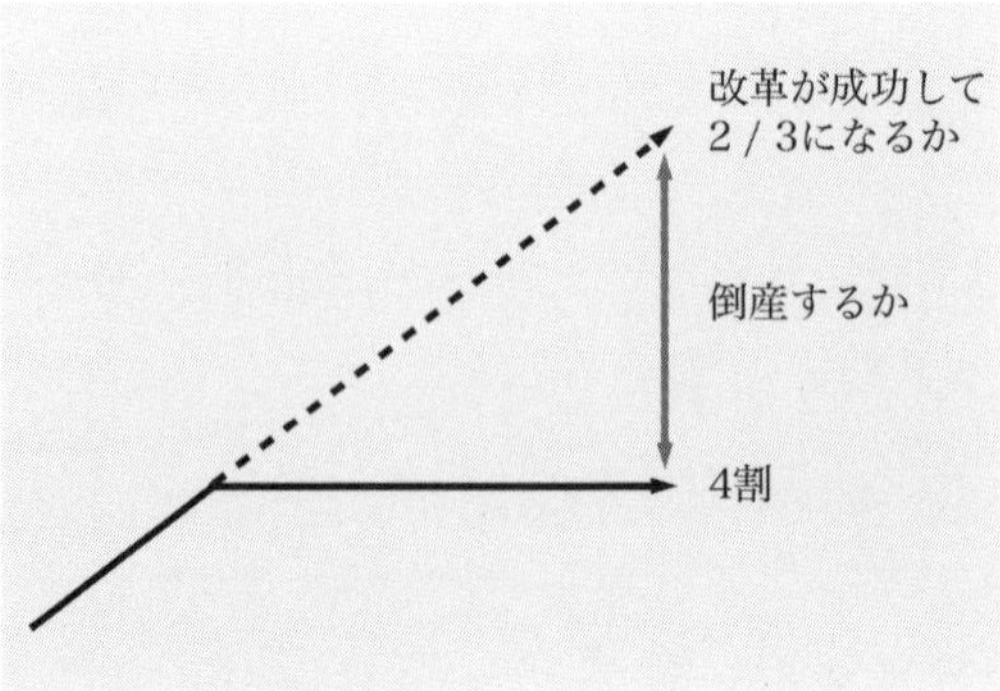

図7・1　進学率の推移

[4]――ユニバーサル型の高等教育

こういう進学率の上昇を中心に、大学のあり方を考えていく場合、概念の整理としては、カリフォルニア大学マーチン・トロウ教授の高等教育制度の発展段階のみかたが示唆に富む。彼はこれを三つにわけてエリート、マス、およびユニバーサルとした。

これは『高学歴社会の大学』として、昭和五一年（一九七六）にわが国に天野郁夫、喜多村和之両氏により、紹介されたものであるが、エリートの大学は一五％まで、マスの大学は五〇％まで、それ以上になると国民の大半が進学するユニバーサルの段階になるという。学校教育の諸問題を見つめてきた立場からしても、この一五％、五〇％の進学率段階での構造変動は、経験的にもよく適合する。

「これから、わが国もすぐこの五〇％のラインを超えるのですね」

「そうです。文部省の高等教育計画の見積りよりだいぶ早く進学率はあがって、一九九四年で四三％、九五年で四五％の進学率です」

詳細は省略するが、私の計算では、わが国の大学・短大進学者は、早ければ平成一〇年（一九九八）に、遅くとも平成一一年（一九九九）に同年代人口の五〇％を突破する。つまり、今世紀中にユニバーサル型に突入するのである。

トロウの指摘するように、この段階で葛藤や緊張が生じることは明らかである。

[5]——二つの教訓

学校の進学者の増加による構造変動に、どう対応するかは大変重要な問題で、わが国では、二つの経験をもっている。いずれも当時の社会状況を反映して、政策的にも十分な対応がとれず、多くの摩擦や事件をもたらし、今後の教訓となるものであった。

一つは、義務教育をおえた高等学校への進学率であるが、これが五〇％を超えたのは昭和二九年

（一九五四）である。

後期中等教育と高等教育との間には差異があるので、一概にこの五〇％の進学率が今日の大学問題の参考になるものでもないが、ごく一部のものが進学した戦前の旧制中等学校にくらべ、当時、後期中等教育は急速に拡大したといえる。その時、戦前の中等教育のイメージからぬけきれず、その後の高等学校の改革のおくれをもたらしたことは、今の大学改革の必要性の一つの教訓となる。

当時、さらに伸びつづける後期中等教育への進学率を前にして、高等学校の課題はいかに個人の能力と適性に応じた教育を行うかということであった。しかし、この考え方は複線型学校体系への切替えであり、青少年を差別、選別して産業界に奉仕する人材養成のための政策である、として反対を受けた。特に昭和四一年（一九六六）に中央教育審議会が「後期中等教育の拡充整備について」の答申を出したのに対し、「多様化路線」として、政治的な猛反発に遭遇した。

その間、対立する勢力の主張の波間で、後期中等教育の改革がまたれながら実行されず、多くの高校生が、学力や興味関心とのギャップになやみ、ひいては教育の荒廃をもたらしたことは否めない。今日、やっと、総合学科や単位制高校、あるいは教育課程の真の弾力化などが実現されつつあるが、実はこれらは、進学率五〇％のユニバーサルの段階、つまり一九五〇年代半ばに展開を必要としていた改革であった。

いま一つの教訓は、大学への進学率が一五％を超えて、大衆化した段階での対応である。大学、短大への進学率がトロウの「マスの大学」に転換したのは、わが国では昭和三八年（一九六三）である。

「マス、つまり大衆化は、わが国ではそれほど前から始まっていたのですか」

「そうです。よく、今日、大学は大衆化したといいますが、あれは大きな間違いです。もっとも、みんな一律の概念に従えというわけでもないので、どういう言葉を使おうと勝手ですが、事実として、すでに昭和三八年に一五％を超え、一つの段階をぬけて、大学は大衆化したのです。その時、改革が必要だったのです。そこで改革に着手できなかったのが禍根を残しています」

「何もしなかったのですか」

「いえ、実はまことにタイミングよく、中央教育審議会は時代の趨勢を踏まえた、みごとな答申を出していました」

昭和三八年（一九六三）の「大学教育の改善について」というこの答申は、教育界でもあまり知られていない。しかしその後、昭和四六年（一九七一）に出された学校の総合的な改革を求めた「中教審四六答申」の大学改革の部分のほとんど下敷きになったものである。

三八年答申による大学改革が実施をみなかったのは、後期中等教育の多様化路線反対とも同じであるが、東西冷戦構造を背景とするいわゆる五五年体制の下で、イデオロギー的な政治対立が激しかったという面があり、また、経済成長下のマンパワーポリシーに教育が取り込まれ、これが猛反発を受けた。

高等教育の場合、特に改革がほとんど日程にものらなかったところへ、さらに、そのまま昭和四〇年代の学園紛争へとなだれ込んでいった。

実は、大学紛争自体、当時「大衆化」した大学に対する改革が遅れ、大学の拡大、学生の増加、質的変貌に、組織としての大学が対応できないことに、そもそもの原因があったといえよう。大衆化への転換のときに改革に失敗して学園紛争を導いた教訓は、ユニバーサルの大学のための改革を、いま行わなければならないことを教えてくれる。

〔6〕——大学をどう改革するか

ユニバーサル化するとき、大学はどう変わらなければならないか。

トロウは、「従前よりはるかに多数にして、はるかに多彩な学生たちに対応するものとならなければならない」という。具体的には今まで進学する野心や資源もなく、文化的にも恵まれなかった人々、職業生活の半ばで資格を得たい成人、主婦、軍隊や、公務員から引退して第二の人生を求めている人、大学該当年齢の〝不本意〟学生などが入ってくるとする。

五〇％でもそうなのである。ましてや将来三分の二も進学するときは、想像を絶する多様化が必要となる。しかも、わが国の場合二五％を超えてもほとんど改革はなされなかった。現実はとっくに変わっていたのに、意識のうえではエリートの大学である。エリートからマスへ、マスからユニバーサルへと、徐々に改革がなされている場合は格別であるが、実態と意識が大きく離れているとき、そのギャップを埋めるためには革命的な組織の解体をしなければならない。解体に近い大学改革が必要である。

別の分析をすると、平成七年（一九九五）で大学への進学率は三二％、短大一三％、専修学校専門課程一九％となっている。これら全部を足して六四％である。三分の二にまで及ばない。とにかく専修学校という、あの多彩な、資格取得、教養、不本意入学など種々の要請や背景をもち、関係者が必死の努力で教育している学生をすべて抱え込んでも、まだ大学としてキャパシティーが余るという状況である。実際は、専修学校のすぐれたものはそのまま残るので、前記のほか生涯学習の成人や、外国人を相当数抱え込んでいくこととなる。こういう多様な学生を抱えるための大学に、改革しなければならないのである。その時、すでにおよそ大学とは何かという議論は意味をなさない。一様に一つの概念の下に大学があるのでなく、多様な性格をもつ大学が生じることになる。

研究を中心とし、外部のあらゆる強制から自由で、孤独な象牙の塔のなかで自治を保つのも確かに大学である。同時に、駅前のサテライト・キャンパスで夕食代わりのサンドイッチをかじりながら、明日の生活のための資格をとろうとする人に機会を与えるのも大学である。さらには、キャンパスもなく、学生の人間関係もなく、入学試験もなく、茶の間でブラウン管が大学という仕組みもすでに実現しており、それも立派な大学である。このように大学は多様である。

「今までみたところは、主に一八歳人口が減って、大学はあらゆる人を入れなければならない、そのためにどう多様化するかということでした。それは、ある意味では大学自身の存続のための都合で、どうしなければならないかということでした」

「そうでしたね」

「ところで、今この大学の都合とまさに照合して社会の側の要請も、同じ質の大学改革を求めています。大学をどう改革するかという意味では、大学側と社会の要請と表裏一体になっていますので、両者を一緒にして、次の節でどう改革するかをみていきましょう」

[第二節]　社会の要請、時代の要請

[1]——三つの性格

大学がユニバーサル化するとき、三つの性格をもつことには先ほどふれた。

つまり、一八歳人口の半分以上もが進学するとき、大学が一様に同じ形で変わっていくのではなく、多様な性格をもつようになるのである。実は、その性格はさまざまであって、概念的に整理することはほとんど不可能なのである。

整理することは難しいが、大学改革にとって、非常に重要なことは、自分の大学はこの性格のどこに、また教育目標をどのように位置づけるかということである。

抽象的な理想、教員の研究者としてのエゴイズムや専門の縄張り根性など、他の事情で考えてはならない。つまり、客観的に情勢を分析し学生は何を求めているかを冷静に判断し、多様化するユニバーサルな世界で、自分たちの大学のアイデンティティーをどう確立するかということが大学改革の目標として求められる。

さて、ユニバーサル化すれば、教育の目的、目標、内容、レベルなどがまず多様化する。教育方法も対面式、メディア利用、それも通常の通信か放送か、単位の互換など多様化する。そのための制度も、学生や教師の身分、学年や学期の構成、キャンパスなど物理的な条件や学校の組織編成など種々になる。これらの組合せを考えれば、ほとんど分類は不可能に近い。

「概念整理が難しいので、印象的に述べるよりほかはないのですが、進学率の上昇のために大学の性格、機能が多様になります。いま、主に教育の目的、目標などを中心として分類しますと、前述の大学の発展段階に応じて大学の性格は次のようになります」

エリートの大学……社会の指導的立場で、学術、研究を推進し産業、社会、科学技術をリードする人材を養成する。わが国の場合、エリートといえば、すぐ偏差値を思い浮かべるのであるが、それは、経済成長を追い求めた特異な国の悪夢の名残りであって、ここでは偏差値は無関係である。独創的な思想等研究、技術創出で世界をリードする創造性、総合的、学際的な教養や、自らの研究課題と社会との関係を判断する態度を養う大学である。テクノクラートも、主にここで養成されよう。

具体的な大学制度としては、センター・オブ・エクセレンス、大学院大学などがそれにあたる。

マスの大学……専門家として、また中間管理者層として、専門知識と技術、専門的資格を求める人材を養成する。戦前の専門学校や師範学校がこれに相当するが、わが国では戦後、いち早くこれらも大学として発展してきたものである。

なお、もちろん、単に専門領域だけでなく、この大学でも幅広い、総合的な教養を追求するコースや、専門的な資質と併せて一般的な教養を身につける教育上の配慮が必要なことは、言うまでもない。

ユニバーサルの大学……一般社会人としての教養、職業資格を求める人々の大学。モラトリアム学生も抱え、果てはレジャーランドの性格も併せもつ。

この分野では、教育内容の多様化はもとより、放送や通信教育、他の学習との単位互換なども多く、特に教育方法、大学制度の柔軟性が求められる。

なお、熱心な家庭人や、高齢者が目を輝かせて学習し、私語が一切ないという、本当の大学教育が展開されるというのもこの分野の特徴である。

〔2〕——社会の要請、時代の要請

大学の世界ではまだベビーブームで、学生が増えるいわゆる右肩上がりの成長をつづけるばかりであった昭和五〇年代から、経済社会の様相は変化していた。

日米貿易摩擦が始まり、その後日本経済のバブルがはじけ円高が激しくなった。こうして戦後長い間つづいた高度経済成長が終焉し、いわゆる成熟型社会に転換した。

もともと若年人口が多いということは、後発の成長型社会の特徴であるが、わが国の場合、戦後のベビーブームの影響で、昭和五〇年代からすでに経済社会が構造的な転換をし成熟社会になったのにもかかわらず、ひとり大学社会だけ対象人口が増大する、成長型のパターンをつづけていたのであった。

その大学がやっと一八歳人口の減少が足もとに来て、ユニバーサル化を考え出すが、すでにその以前から成熟化した国家社会は、偏差値だけを追求する追い付き型近代化からの脱皮を要請し大学の改革を求めていた。大学よりさきに、すでに社会の要請、時代の要請は大学が変わることを求めていたのである。

その経済社会の要請は、実は一八歳人口減を契機としたユニバーサル化による大学改革をしようとする場合とほとんど相似形である。三つにわけて現代の社会の要請が、どう大学改革を求めているのかみていこう。

◎第一　**［独創性、創造性］**　いわゆるキャッチアップ型の、大量生産、大量消費のメカニズムの、経済成長のための偏差値的人材養成を期待する教育のあり方から転換する。つまり、成熟期の経済社会の発展を支え、先進諸国と伍しつつ摩擦をさけ、国際社会の発展にも相応の責任を果たしうる。そういう国家、社会の担い手としては独創的で、創造的な資質を備え、また教養豊かなテクノクラートなどの養成が期待される。これは要するに、エリートの大学の要請である。

◎第二**〔中間管理層・専門家〕**　高度成熟型の社会では、社会、経済、産業の高度化が進み、社会のあらゆる分野で専門知識と技術、専門的資格をもった人材や中間管理層が要請される。

また、個別分野でも、グローバル化する企業が、産業の空洞化をさけるためにも、高度集約化した生産拠点を支える専門家を必要とするなど、従来以上に高等教育をおえた人材が期待される。

これは要するに、マスの大学の要請である。

◎第三**〔文化要求、消費型、豊かさ追求〕**　高度成熟社会では、所得水準が向上し、自由時間が増え、高齢者が増加する。この側面は、教育では文化要求型、消費型、豊かさ追求型の要請をする。生活の楽しみや生きがいを求める学習である。これは成長型の社会で、生産にだけ重点をおいた時代では、ほとんど理解できないものであるが、社会的には福祉や医療を求める集団に、教育という、健全で、前向きな事業で安息をあたえる効用をもっている。若年者には、失業予備軍のバッファーにもなり、社会安全の代替措置の機能ももつ。これは要するに、ユニバーサルの大学の要請である。

以上のように、一方で、長期的に社会の成熟化によって青少年人口が減少し、大学市場の構造上、進学率が上がって大学が多様化へ向けた改革を必要とする。そして、その社会の成熟化は大学に対する社会からの要請を多様なものとし、このため、どちらの側面からも大学は改革を迫られている。そして、必然的に、その二つの側面は大学改革のあり方に同じことを求めている。つまり図式化すれば**図7・2**のようになる。

一八歳人口の減少に対応して大学が生き残るためにも、また社会や、時代の要請に応えて、大学がその存在意義を明らかにするためにも、いま、大学は自ら改革することを迫られている。そのためには、個別の大学が、エリート、マス、ユニバーサルの多様な大学の性格のなかに自分の大学をどう位置づけるか、そのアイデンティティーを確立しなければならないときに来ているのである。

〔第三節〕　大学を開くこと

大学が自ら生き残るためにも、また社会の要請に応えるためにも、大学改革が迫られているが、その改革がどういう方向をとるにしても共通の留意事項がある。

「それは何ですか」

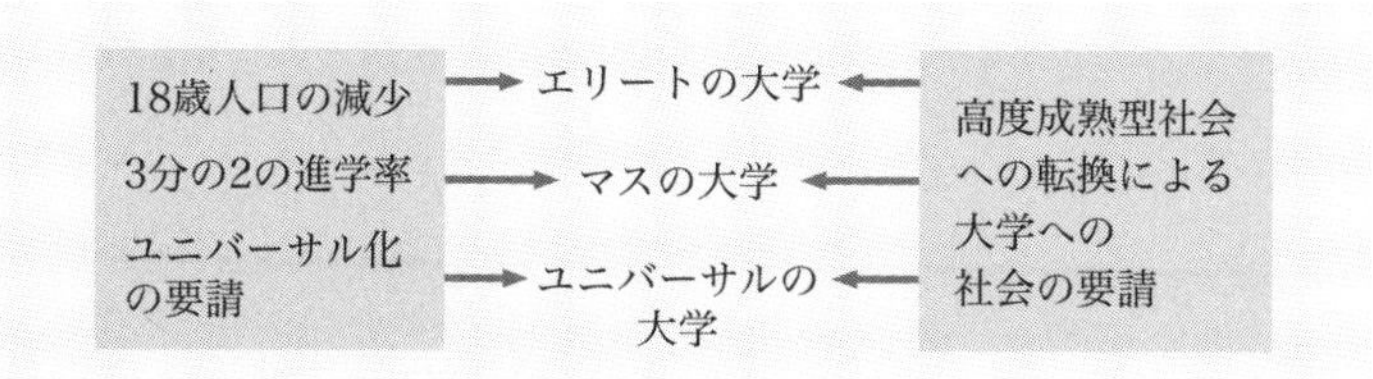

図7・2　大学の改革・大学の再編成

「大学を開くことです。これからの大学は、閉鎖的な機関ではなく社会の要請に応じ、社会との交流をもつことによって、つまり社会的に開かれてはじめて生き残れるのです。高度化した現代高度産業社会では、孤独な象牙の塔ではもはや存続も発展もありません」

どのように開かれていなければならないか、多様であるが、主なものをみていこう。

[1]――産業界との協力

大学に対しては、産業界など社会の各方面から、課題の解決や研究の発展のために期待と要請がよせられている。大学が学術研究の本来の使命と特色をふまえつつ、その主体性の下に、これらの社会的要請に対応し、大学のもつ、研究成果の蓄積や、研究能力を活用しつつ協力することは、社会に貢献するという観点からも有意義である。そしてより本質的に、現代は社会の水準が大学より高い分野や、研究・教育のフィールドを社会に求めなければならないことも多く、大学が門戸を閉ざし、自由と孤独の道を歩むことは、大学自体の研究水準の低下や陳腐化の原因となる。

民間などとの共同研究、受託研究、奨学寄付金、寄付講座や受託研究員など、外部との研究交流、研究者の交流が重要である。

なお、そのための共同研究センター、特許、守秘義務のあり方など、制度的な課題の解決も同時に必要である。

〔2〕――リカレント、リフレッシュ

大学は生涯学習の、重要な一環をなす機関である。この場合、生涯学習はユニバーサルの大学だけでなく、マスの大学はもとより、エリートの大学にも関係する。

生涯学習というと社会教育を主とした概念で考えられがちであるが、社会経験や労働経験を経たのちに再度、正規の学校教育機関に回帰するリカレント教育が大学の生涯学習の中心となる。概念としてはリフレッシュ教育もリカレント教育に含まれる。

「リカレント教育は、これまでの社会教育的意味での継続教育とは異なるのです」

「どう違いますか」

「教育から一度離れる。そしてもう一度教育に帰ってくる。それがリカレントです」

「なるほど」

『継続』でなく、『断続』なのです。つめ込みの、偏差値だけの抽象的な教育を継続しても意味はない。教育の場から離れて実際的な労働や社会の経験をする。そして新たな学習動機や課題意識をもって、学校教育を再度受ける。それがリカレントです」

「大学もずいぶん雰囲気が変わってきますね」

「そうです。大学は青年だけのものでなくなってしまう。大学自体が成人を含めた生涯学習の機関となる」

「そういうことですか」

「実際経験を経たリカレント教育では、偏差値は影を薄め、学校が真剣に勉強する高度の生涯学習機関となるのです」

リカレント教育では、医師や職業人、技術者などが医局や講座、大学院に入ってきて高度な研究を共同で行うということになる。社会自体が高度化し、科学技術の社会化が行われている今日、大学が社会人と結びつき、産業界と大学が共同で研究を進めることは、エリートの大学自体の、教育、研究の発展のために必要である。経済や、社会の機序が高度化、複雑化し、情報化や国際化が進んだ現代社会では、人文、社会科学の分野でもリカレント教育による大学の生涯学習機関としての役割が期待されているのである。

マスの大学についても、職業人や社会人入学者などがリカレントを中心として生涯学習の機会を求めている。

ユニバーサルの大学では、リカレントだけでなく、豊かさや、所得水準の向上に応じ、学習を継続したいという継続教育や、教養を求めるための社会教育としての公開講座などの幅の広い生涯学習の要請も多い。

このように生涯学習は、大学の活動のすべての側面で社会に開かれた関係を求めるのである。制度としては、高度先端分野の専門家の受け入れ、社会人の受け入れ、夜間・昼夜開講、通信教育、放送教育、編入学、科目等履修生、学位授与機構、大学以外の単位の認定、これらを促進するための学校開放センターの整備などが待たれる。

〔3〕――情報化

大学というものは、本来の使命が情報の生産、収集、伝達、継承のための組織である。情報を発信し、受信し、伝播するという開かれた機能が万全でなければならない。

大学が情報環境を構築し、外部と交渉を持ち、知識情報を共有して、どのように開かれた教育研究のネットワークを構築するかということ、つまり大学の情報化が改革の一つの柱である。

制度としては、放送衛星、通信衛星、インターネット、その他マルチメディアや学術情報流通体制の整備などが課題となる。

〔4〕――国際化

大学というものは、本来、もっとも国際的な存在である。組合という意味の語を語源とするユニバーシティは、〝万人に開かれた〟という意味でユニバーサルでなければならないが、教育、研究の本質から〝国際的に開かれた〟という意味で、ユニバーサルなものでなければならないのは当然である。

わが国では地理的、歴史的、社会的事情もあって、先進国としてはまだ留学生も圧倒的に少なく、研究者交流、国際共同研究なども少なく、国際的な開放性は不十分である。国際化は、大学自らの教育、研究のレベルアップのためにも必要である。

同時に、経済や物流の面とは対照的な、文化、教育、研究の面での国際化の決定的な後れをとりもどし、またわが国全体としての閉鎖性や、国際摩擦の問題をリカバーするうえでも大学という教育、研究機関の国際化は欠かせない視点である。

制度的には、研究者交流、共同研究のほか、国際研究集会、発展途上国交流、留学生、単位互換、学生交流の推進、英語教育の改善、日本語教育の改善普及などが課題となる。

〔第四節〕　望まれる規制緩和

第一節では、一八歳人口の激減によって、わが国の大学は人々の三分の二も進学する、多様な大学に転換を余儀なくされていることをのべた。第二節ではそのためには類型としてエリート、マス、ユニバーサルの三つの段階があり、大学のあり方として社会の要請、時代の要請にもあった多様なものにすべきであるとした。

第三節では、いずれの場合を通じても、大学改革の共通の視点は、大学を開くことであるとしたのが本章の趣旨である。

ところで、大学を多様化するという論旨は、実は中央教育審議会の昭和三八年答申にも表れている。その考えは同審議会の昭和四六年答申によって明確にされた。当時はいわゆる大学の大衆化、つまりマスの大学の段階での問題提起であったが、相当明確な政策として大学の多様化と、そのための種別化が提案されたのであった。

当時の政治、社会情勢で、反対運動に遭遇し十分実現されなかったのであるが、先見の明のある提案であったといえるだろう。

ただ、今回の本章の提言との非常に大きな相違は、本章の提案は中教審と違って、大学は改革によって多様化すべきであるが、種別化すべきでないという立場をとっていることである。もちろん大学によっては完全なユニバーサル型をとるものもあろう。エリートに徹するものもあるかもしれない。だから正確にいえば、国が定める制度としては種別化しないという趣旨である。

一律の類型化を避けるべきだと考えるのである。

だから大学によっては、ある部分エリートの性格をもち、同時に公開講座や科目等履修生で、ソフトな生涯学習を展開するものがあってもよい。研究者をめざす学生と、レジャーランド的性格のクラブ活動に没頭する学生が同居してもよい。

制度としては、真の弾力化が必要で、変転極まりない社会の変化に応じて、大学が発展するためには、規制緩和が何よりも必要と考えられる。大学によっては、固い仕組みを維持するものがあっても、それも自由である。

政府が規制して形をきめて、種別化などの、何かをなそうということは、ユニバーサルの段階では、すでに不可能である。そして、そういう自由な制度の下でのみ、いわゆるエリート意識や格差意識も緩和され、リベラルに、いろんな形の多様な大学改革の行方を考えることができるのではなかろうか。

参考文献

マーチン・トロウ『高学歴社会の大学』天野郁夫、喜多村和之訳、東京大学出版会　一九七六年
文部省「昭和五五年度わが国の教育水準」一九八一年
斎藤諦淳「戦後わが国の教育政策」日本教育政策学会年報第二号、一九九五年

※初出＝二〇一〇大学改革研究会（座長・齋藤諦淳）編『大学改革二〇一〇年への戦略』（ＰＨＰ研究所・一九九六年三月）

第八章　生涯学習社会の展望

1991 June

生涯学習体系への移行、子供にとっての生涯学習（水平の生涯学習）、成人にとっての生涯学習（垂直の生涯学習）の三点について考える。

〔第一節〕　学校教育体系から生涯学習体系へ

まず生涯学習体系への移行について述べてみたい。

生涯学習体系への移行において非常に重要なことは、単に社会教育だけでなく教育のあり方全体を考え直すことである。そこで、生涯学習とは何か。あるいは社会教育とは何かをまず考えてみると、いつでも、どこでも、誰でも教育できる、そういった場を設けることが生涯学習であり、また社会教育であるといったことを大部分の人は考えるであろう。しかし、基本的には、さらに本質的には、学校教育を含めて教育の構想全体をどう捉えなおしていくかということ、そこに今日の生涯学習社会の重要な視点があると思われる。このように生涯学習社会を考える際に、単にいつでもどこでも誰でも教育を受ける機会を提供するといったことではなく、教育体系を考え直していくことが必要である。

教育体系の見直し

それでは明治以降、今までの体系がどうであったかというと、学校教育体系、つまり学校中心の教育体系であった。そこから生涯学習を中心とした教育体系へ変えていくところに非常に大きなねらいがある。なぜそういった体系に変えていかなければならないか、その基本的な考え方を述べると、今まで日本はどんどん進歩し発展していく、成長型の社会であった。しかし現在、まさに成熟型の社会へ移行していく。成長型から成熟型へ、その社会の大きな転換点で教育のあり方も変化していく。その教育のあり方のキーワードが生涯学習体系への移行であるといえる。

それでは明治以降の経済成長を背景としたいわゆる成長型の教育体系、すなわち学校中心の教育体系から、物質的な豊かさや情報化や国際化の進展した成熟型の社会における教育体系、すなわち生涯学習体系へと変化していくわけであるが、これについて、以下説明していきたい。

明治以降、従来の日本の教育は、いかにして貧困から脱却するかということが課題にならざるを得なかった。それに加えて、発展した技術を持った、欧米列強が外圧を加えてきた。日本の国は遅れて近代化したわけであるが、その江戸時代の終わりには、飢饉、一揆、人口停滞が起こっていた。それらは日本列島の東の方に多かった。それに対して、九州、四国、中国地方の方はそれほど人口停滞もなかった。東国の方が荒廃し、西国の方が発展した理由の一つに、課税の方法があったといわれている。東の方の国では、収穫高が増えれば税も増えるところが多かったが、一方、西の方では収穫高が増えても税は一定である方式をとるところが多く、農民の生活は豊かになった。要するに、入間にいかにやる気を起こさせるかということが問題である。生涯教育、学校教育もそうであるが、いかに子どもにやる気を起こさせるか、そのためにはどのようにしていけばよいのかということである。

とにかく明治の初め、世の中は非常に過酷な状況であった。そのような時に国内の情勢がそうであっただけでなく、欧米列強の外圧がかかり、更にその欧米の先進的な技術、知識を導入しなければならない状況であった。一八五三年、ペリーの艦隊がやってきたことは、三百年間続いた徳川政権を根底から揺るがすことになった。先進国の技術、知識、社会制度を導入しなければならないし、しかもそれに追いつかなければならない。そのために殖産興業、富国強兵などの方策をとった。それによって文明開化を図ったわけである。そして独立と安全を確保しつつ、貧困から脱却する、そういう工業化戦略をとったのである。軍事産業、造船などに重点がおかれたが、中でも人材養成が非常に重要となり、そこで明治四年（一八七一）に文部省を設け、さらに明治五年（一八七二）、学制を定めた。この学制が今日の学校体系まで発展していくわけである。

ただ、当時のこのような学校制度を整備し強化していくというのは決して今日の意味の学歴主義を助長するための方策ではなかった。例えば、当時は薩摩、山口、佐賀、高知等の出身者が日本の政治的支配層を占めていたが、それに対して、明治の初めから学校制度を強化することによって、誰でも能力さえあれば、そして一定の学歴さえあれば、政府でも民間でも能力社会の支配的な立場に立てるという、これほど民主的な制度はないと考えられた。成長期の社会において、この学校制度は非常に重要な役割を果たした。明治五年（一八七二）学制を頒布し、明治一九年（一八八六）義務教育制度と帝国大学の創設を行った。それ以前に外国語学校、医学校、師範学校などもつくられ、そのように学校をどんどん設置していったが、その後、結局、画一的に人材を養成する仕組が整備されることになった。そのことによって社会も経済も発展した。

さらに、第二次大戦後、新憲法が制定され、教育基本法や、教育委員会制度が創設された。文化国家、民主国家、平和国家をめざし非常に大きく変化したが、昭和二〇年代には、日本の生産力は大きく下落していたのである。絶対的貧困という意味では、明治の初め以上であったといえるのである。当時、社会思想や政治制度は大きく変わったけれども、何はともあれ復興を続けなければならないという意味では結局日本は、明治以降百二十年間、経済の発展を第一義にしなければならなかった。そのような厳しい状況の中では、自由とか個性を伸ばす教育をする余裕がなく、非常に画一的になってしまう。この百二十年間日本は、貧困をバックとした社会で、そのような社会の中で個性を生かすという意識も暇もなかったといえる。戦後の教育基本法や憲法が、自由主義なり個性を生かすことを求めたが、しかし基本的な社会体制のバックグラウンドは、昭和二〇年代以降も、実は明治と同じような状況だった。

このような絶対的貧困の時代には、例えば学歴などというものは、頼りにならないものであるが、他に頼るものがないという状況であり、そういう意味で、世の中が非常に貧困であるという状況を背景として、学歴意識が跋扈する。

したがって、日本の社会は豊かな社会になって、世の中が変わってくるその時に、学歴主義というものも大きく変わってくるであろうと思われる。同時に成長型の社会においては、生産の拡大を望む企業や社会組織は、平均的な人間を求める。どんどん大量生産しなければならない時、それぞれの個性などは考えなくてもよい。平均的でありしかも競争心や忍耐心があり模倣性がある人間を企業は求める。まさに働きバチとしての人間を要求する。単に教育が学歴主義を求めたのではなく、社会全体としてそのような状況にあったといえる。このような結果、経済成長を果たし、成長型の社会として成功したのである。

戦前の日本の経済成長率は、三・一％であり、戦後の成長率は九・五％であった。新興工業経済地域（NIES）の中には、ここ数年だけをとれば、日本の三・一％や九・五％よりも高い成長率の国もある。しかし、長年月にわたって三・一ないし九・五％の経済成長を続けている国は他にはない。その結果、日本は世界有数の経済大国となったのである。

このような成長を続ける社会においては、どうしても学校教育のあり方自身、あるいは社会自身が求めるものが、通常の先進国とは違うようになる。その異なる点は大きく分けて三点である。

“急ぐ”

まず急ぐということである。外圧を加えられ、飢餓のどん底からはいあがっていかなければならない。そのような場合に個性だとか生涯学習だといっている暇がない。義務教育で平均的な水準にそろえる。そして遅れて近代化した国の宿命でもあるが、外を見回せば必ず自国より進んだ技術や知識がある。世の中に必ず手本がある。これが成長型社会の大きな特徴である。日本の文部省は教科書というものを非常に重視するが、文部省だけでなく学校や現場も重視する。外国ではそのようなことはない。例えば日教組は文部省の教科書行政に反対し、文部省は検定制度を維持しようとする。双方とも教科書にこだわっているのである。なぜ、そのように教科書にこだわるのかというと、結局、外にあるものをわかりやすく、体系的に関連づけて、並べ変える、それがまさに教科書である。そのように教科書にこだわっているのが日本の教育の大きな特徴である。それは結局、独創ではなく、外国の知識や技術を導入すること、自分で考えるよりも、まねる、覚えるということによっている。〝急ぐ〟ということからくる特徴として、考える暇がないため、記憶中心、暗記中心になる。結局外国のものを翻訳し、暗記するという仕組になる。これが成長型社会の中の教育のあり方になる。

生産第一

二番目の特徴として生産第一ということである。欧米では民主主義や個性が重視されるが、そのようなことは、基礎的な経済基盤ができ上がって百年間たち、すでに消費者優先の社会に限られている。ところが日本の場合は消費者よりも生産者を優先しなければならない。生産者とは何かというと、いかにして物事を大量にしかもレベルをそろえて作っていくか、そのために、人材養成においても勉強させて、一流大学、一流企業へなびく企業戦士を求めることになった。日本株式会社、またエコノミックアニマルと言われるような、一つの国全体としての性格ができ上がってしまった。この大量生産や大量輸出ということが、生産第一の基本的な性格である。大量生産や大量輸出をする時は、できるだけ平均的な粒を揃えることが大事であり、そういう意味では、豊かさ、個性や多様性ということはいっていられない。特にこの発展途上の生産第一の国では第二次産業を中心に発展していく。第二次産業の特徴は重化学工業である。このようなところでは非常に大きな設備を装備し、そこでは、蒸気機関・製鉄の装置・溶鉱炉など非常に大型のものであるため、例えば朝八時に動きだし夜六時まで動かさなければならない。第三次産業を中心とした豊かな成熟型社会とはまったく異なり、生活対応自体が非常に画一的にならざるをえない。このようなところに、生産第一の成長型社会の大きな特徴がある。しかも、第二次産業において生産力を上げるためには、できるだけ優秀な従業員を揃えなければならない。そのために、社会全体が学校教育に対して読み・書き・算を中心とした優秀な粒の揃った人材を求める。

統一的、画一的

急がなければならないということと生産第一という二つの理由のために、第三の特徴が出てくるわけである。それは、この時代の教育が、非常に統一的・画一的になることである。急ぐために、周りを見回して世界中で一番進んでいるものを移入する。結局、国が中心となって制度あるいはカリキュラムを作る。カリキュラムは英語では、コース・オブ・スタディ、一直線にどうやって走っていくかということである。国が中心となって統一的なカリキュラムを作る結果、期せずして、中央集権的な教育にならざるをえない。この場合言いかえれば、自分たちが最前線であれば、自分たちで独創的なものを作っていかなければならない。日本も最近そうであるが、まねるものがないということは、自分で考えながら研究も教育もしなければならない。日本にはそういう素地がないため、そのようになったとき、国がいったい何をどうするのだろうか。例えば、豊かな時代になり、生涯学習の時代になった場合、生涯学習の国の方針はいったい何かとよく言われるが、生涯学習の時代に国の方針があるということもそれを求めることも間違いである。生涯学習時代とは何かというと皆が独自にそれぞれ自分で考えて、自分を教育し学習することであり、国の方針は何かといっている間はまだ学校教育体系の考え方であり生涯学習体系へは移行していないと考えるべきである。

以上をまとめれば、成長型の社会では、ひとつには急がなければならず、国が中心となって同一の非常に画一的な最も発展しているものを教科書的に輸入してくる、そういう教育となる。二つには生産第一、大量生産を考え、三つには画一的・統一的な社会パターンとなる。このようなときに、学校というものは非常に有効な社会装置になる。学校というものは遅れて近代化する際に追いつき型の近代化の組織としては、有効な性格を持っている。

それは、言い換えれば一つの機能集団であり、一つの目的的な組織である。例えば学校というのは、同一年齢層を集める。企業にしても、家庭にしても地域社会にしても、普通の社会でこのようなことはまずない。もう一点は、必ず個人ではなく集団で人を作る。同時に非常に大きな特徴は、人工的な社会であり、解答のある社会であるということである。普通、日常生活において問題が起こった場合、それに解答があるかどうかは我々にはわからず、問題に必ず解答があるのは現実の生活ではない。しかし学校という社会では、何かがあると必ず解答がある。そういった人工的な社会である。同一年齢層の生徒が、集団で教育を受け、しかも解答のある問題ばかり用意されているというだけでも、非常に異常な組織である。それだけでなく、教師の資格についても文部省や教育委員会の責任として、いかにして水準化し平均化していくかということで、教師の資格を非常に人工的なものに変えていこうとしている。しかも教師も同質的なものだというという特徴がある上に、そこで教えているのは、カリキュラム——まさに一直線にどう走っていくかという教育内容をきちっと定めたものを中心に動いている。その学校がさらにどういう特徴があるかというと、できるだけ社会から離れて、原理的、一般的なことを教える。それが学校であるということになる。社会の現実からはなれて、正常な静かな環境の中での教育が、学校教育の理想だと言われるわけであるが、それは言いかえれば、いかに非社会的なものにするかということである。そこで教えていることは何かというとあくまでも知育が中心となる。この知育というのは、知育であればよいが、日本の場合、知識の暗記教育になっている。だから学校は、全人格を養成する場ではなく、知育に偏った部分人格を養成するところであるといえる。人工的に作ったフィクションの擬制社会であるといえる。よく学校の関係者が〝全人格を養成する〟というが、偏った社会で、全人格を養成するなどということはとんでもないことである。学校はあくまで部分人格を養成するのだという限界だけはわきまえなければならない。学校の教師というものは、文部省が資格を作り、そういう擬制社会を出て、そこだけの生活経験の人がそのまま学校に残る。それが教員の特徴である。そういう意味では学校の先生というのは、人工社会だけで実社会を知らない卒業生が、そのまま人工社会に残る。これは教師個人の問題でなく、システムの問題である。従って、学校というのは全人格を養成するところではないということを銘記しておく必要がある。

学校は、日本の経済成長、社会の発展の原動力となった。そうであればあるほど、学歴にみられるような学校に頼るという学校中心の意識というものが、大きく育ってきた。しかもこのような学校において、知識のつめこみばかりをやっている。これを集団駆け足行進と呼ぶ人がいる。この集団駆け足行進の社会装置で、そういう人間を養成する。それが世の中に出て成長社会を支える。そういう関係になってきた。アフリカでは〝日中の熱いさなかに動いているのは、とかげとゴルフをする日本人だけ〟といわれているが、だんだん豊かな社会になってきても、やはり血眼になって動いている。そういった人間が、この百二十年間の歴史を経てできあがったのである。それが明治以降のわが国の教育であり学校中心の教育体系であり、言い換えれば成長型の教育体系であってわが教育の全体的な特徴であった。しかし、そのような涙ぐましい努力の結果、三・一～九・五％の成長を続けている。そしてヨーロッパ諸国をぬいてそれ以上に、国民所得が上がった。そこで、まさに今日成熟社会に転換したという状況である。その際の教育のあり方が、どうなければならないかが、次にのべる、子どもにとっての生涯学習（水平の生涯学習）であり、これが今日の、二番目のテーマである。

［第二節］　子供にとっての生涯学習

これまで学校教育体系の肥大化について述べてきた。このように学校教育体系というものが非常に重視された結果、最近でも日本の社会の中で、教師というのは非常にレベルの高い職業である。特に、昭和のはじめ、戦前までは、教師というのは近寄り難いものであった。農村地帯などでも、村で一番立派な建物は学校であった。学校の鐘が町全体の生活のリズムを作っていた。だいたいその時代のもっとも権勢のあるものが時を告げるということがいえるが、例えばヨーロッパでは教会、城下町などでは城の太鼓の音、今日では、町のまん中で銀行がチャイムを鳴らす。それはまさにエコノミック・アニマルといわれる日本の今日の情勢を示しているといえる。しかし少なくとも、明治から昭和の初めにかけて、日本の場合は学校が非常に尊重されそれが学校中心の教育体系の象徴であった。例えばアメリカでは、生徒が校門を出たところで喫煙していても、教師は無視する。学校を出れば、あとは地域の教育であり、家庭の教育の範疇である。学校はある部分だけをきっちり教えればいいという考えである。

これは社会全体として、学校教育中心の日本とは、ずいぶん異なっている。日本の場合、とにかく人材を一括養成する、そこで全人格を養成する、それが学校であり、それが教育の総合的な組織である。それが学校中心の教育体系である。ところがここで問題なのはこのような体系では学校の価値体系が子どもを支配してしまうことである。学校は知育を中心とした、部分人格の養成の機関であるが、ところがそういう組織であれば、そこで測られる評価基準は偏差値である。カリキュラムや、原理的、一般的なことを、解答のある問題を出してやっていく上で、その評価の基準として、一番都合がよいのが偏差値である。偏差値でもって子どもを測るというのが学校教育体系の非常に大きな特徴である。

偏差値体系

アメリカのように社会へ出れば、学校とは全く価値体系が違うのであれば、子どもは学校では偏差値はよくないが、外では別の生活をする。しかし日本の場合は、学校中心であるから、学校で成績のよい子は地域社会でもよい子、普通の子は家へ帰っても普通の子でしかない。親は、学校の成績がよければその子はよい子だと思い込んでしまう。子どもの生活には、失敗経験、成功経験両方が必要である。実は成績のよい子は、日本のように学校中心の教育体系の中では、たまたま偏差値のよい子は学校でも社会に帰っても、近所でもよい子、兄弟の中でも偏差値のよい子は実は一番よい子だと思い込んでしまう。だから、たまたま学校成績のよい子は成功経験ばかりになってしまう。このように成功経験ばかりの人間がどのような人間になっていくかというと、だいたい世の中が自分の思うようになると思い込んでしまう。自分は何でもできると思い込んで非常にひとりよがりな人格が形成されてしまう。ところが学校社会ではそれでもよかったが、人間の一生には大きな挫折もある。そのような時に、成功経験ばかりの人間が自殺に走ったり、非社会的行動に走って問題を起こしたりする場合がある。挫折したところで、成功経験ばかりであった子どもに問題が起こる。学校、地域、家庭でよい子であると思われ、成功経験ばかりであることは、実はその子にとっても不幸なことであるといえる。子どもの可能性というのはいろいろあるが、これは成功する可能性もあれば、必ず挫折する可能性もある。可能性というものは決して良いものとは限らない。そういう意味では、子どもの教育には、学校の価値体系ではない、別の価値体系が必要である。もう一つ、失敗経験についていえば、昔であれば、学校の成績が悪い子どもでも地域に帰ればガキ大将であったりしたが、現在はそういう場もなく、場の問題に加えて、今は学校の成績が悪ければ周りの子が信頼しない、そういう価値体系になっている。結局、そのようなわるい子は失敗経験ばかりになり、無能力感にさいなまれる。

その意味でも、街作り、村作りの中に学校とは別の価値体系で子どもを支える環境はぜひ必要である。よく学社連携といわれるが、できればそれはやらない方がよい。なぜかというと、学校の価値体系を地域社会という別の組織の中や、子どもの遊び場の中に持ち込むのは好ましくない。そして、子ども会などを指導する立場の人は学校の先生でない方がよい。学校の先生が個人として、地域社会へかえって子ども会などを指導する。それはそれでよいとしても、学社連携として学校の先生の顔で社会教育にまで出てくるのは問題である。子どもたちが偏差値とは全然別の価値体系の中で、生活できる場、それを重視すべきである。

今日、学校教育体系が非常に問題となっている。言い換えれば、学歴主義とか詰め込み教育が大きな問題となっているわけだが、それだけではなく、今日の世の中は成熟社会になったが、それは大きなひずみを持っている。例えば、核家族化であるが、昭和三〇年（一九五五）、三代同居が四三・九％、昭和六〇年（一九八五）、一五・二％であり、縦型の人間関係が希薄になっている。もう一つに、少子化現象がある。家族の中で子どもの数は、昭和一五年（一九四〇）、四・一一人、昭和六〇年（一九八五）で一・七六人となっている。子どもは喧嘩をする相手もいないのである。そのような偏った核家族化の生活環境の中で、擬制社会であり、人工的で偏った社会で学校教育を受ける。どうしてもいびつな人格になる。

情報化社会の欠点

今日の社会はそれでなくとも種々の問題をかかえているのであるが、たとえば情報化社会の問題を上げると、難度の克服がある。難しい問題を分析することなく、たとえば、計算機を押せばすぐ複雑な計算ができてしまう。そのように何も理解していなくても、難度を克服して解決してしまう。難度の克服といえば、非常に積極的ではあるが、それは思考力を低下させてしまうという意味では大きな問題である。もう一点に、関係の克服という側面がある。言いかえれば、分類や検索によって、いろいろな関係をどんどん回答してくれるという積極面があるが、しかしこれも思考力の低下につながるといえる。もう一点、立体の克服という面がある。例えば、コンピューター・グラフィックスなどによって、身体の内部など様々なものが立体的に映し出される。これは、例えば何もかも映し出してしまうテレビよりもラジオの方が想像力を養うといわれるのと同じ理由で、想像力の低下を招くところに問題点がある。もう一点は距離の克服の面である。ファックス、電話などによって、一瞬にして遠距離を克服することができる。言いかえれば、身体的な衰退をもたらす。最後に速度の克服の面がある。従来、計算するのにそろばんを使っていたが人間の知能の発達において、手というものは非常に大きな影響力を持っている。今日の子どもはそろばんなど全く使わない。日本人は非常に頭脳が発達しているといわれるのは、算盤を使っていたからだというのも一つの原因であろう。情報化され、そのようなことがなくなった。また、ワープロの使用によって、事務処理の速度は速まっただろうが、文字を手で書くことがどれほど子どもの頭脳を開発するかわからない。コンピューター、ワープロ世代になってから、日本人の頭脳がどのように発展していくのだろうか。とにかく距離、速度の克服は身体的な衰退をもたらす、そういう面で情報化はプラスの面があるが、多くのマイナス面もある。

また、直接の接触の機会を代替してしまう。たとえば、ブラウン管がそうであるが、人間ではなく、ブラウン管しか相手にしない。放送大学などでも、放送によって講義を聞くけれども、生身の人間としてその先生を見たことがない。結局、間接体験はできても直接体験は全くない。そこで、人間関係の喪失という状況が起こってくる。人間関係が喪失しても情報があるので生活できる。その結果、地域関係や家庭関係が完全に断絶されてしまう。例えば、ビデオに埋もれて生活していた青年が殺人事件を起こした例にみられるように、人格に大きな欠陥をもたらしてしまった例もある。とにかく情報化というのは、人間的な直接の接触の機会を奪ってしまう。

都市化現象

今日の社会問題としては、都市化現象の問題がある。それは大都会だけの問題ではなく農村へ行くほど激しい。現在は田舎の方が自動車の保有率はよい。自動車によって人間は箱の中に閉じ込められ、人々から人間関係を奪い、子どもが遊ぶ道をなくしてしまった。今日、都市化現象の象徴として、道路というものが地方へいけばいくほど人間関係の場を奪ってしまい、子どもの広場は、スーパーや駐車場やパチンコ店になってしまった。河原はすべてコンクリートの土手になり、フェンスで囲われてしまった。そういった意味では、地方も都市化され、子どもも人間関係を作る場、遊び場がなくなった。また、どんな都会も団地になってしまったことによって、人間関係が希薄になっている。単に都市に住む人間が多くなっただけでなく、日本の社会構造全体が都市化現象になってしまっている。このような都市化現象の特徴といえば、無名性、無干渉主義、流動性などである。結局、人間関係がなくなってしまい、またそれだけでなく、先ほど述べたように、例えば親水公園のように貧困な発想で、土手や道がつくり変えられ、人工的な都市環境の中ですべての人が生活している。家庭生活も社会生活も人間同士の仲間での成長がない。自然というものは、危険もあるが、同時に多様性、複合性、神秘性がある。自然は子どもの人格形成に、大きな影響を与える。そのような生活環境をこれからは積極的につくっていかなければならない。それが水平にひろがる生涯学習である。今の子どもは昔と比べて、学校でしか遊ばない。それに対して、昔は、広場や空き地、神社などで遊んでいた。また、昔は年上や年下の友達と一緒に遊んだが、今は八八・四%が同学年の友達としか遊ばない。学校が非常に偏った人工集団、擬制フィクションの世界になっているだけではなく、遊び自体も偏った社会になってしまった。このような横への広がりがない状況で、子どもの全人格が形成されるのだろうか。

画一的、詰め込み、偏差値は成長型の紋切り型社会での学校教育の特徴であるが、それに対して、学校教育の中でも個性重視をどうするかという問題がある。それは学校教育の中でできるだけ個性を重視しようということであり、学校教育の中での改革が大きな課題である。もちろん、社会教育、生涯教育もそうである。さらに人間性を取り戻す、あるいは、積極的に人間性を養成するためには、家庭、地域で子どもの学習の場を設けなければならない。その意味で生涯学習というのは、年を経てから、いつでもどこでもできるのではなく、少年、青年の間に、横に広がるいろんな場を設けられなければならないということである。それが子どもにとっての生涯学習である。積極的に人間性を回復する地域の場や、社会教育の場をつくっていかなければならない。このような今日の、成熟社会の状況では、学校教育と社会教育に全く同等のウェイトをおかなければならない。学校の教員が百人であれば、社会教育主事が百人いて当然なのである。これからは、学校教育も大切だが、地域あるいは家庭という学校とは全く離れた子どもの生活の場をよほど計画的、積極的につくるべきであり、それが成熟社会の教育にとって非常に重要なことである。以上が水平の生涯学習についてである。

〔第三節〕　成人にとっての生涯学習

次に第三点として成人にとっての生涯学習についてのべよう。現在、国際化する社会の中で、日本の成長型社会のあり方、つまり外の発展したものをまねて、生産性を上げ、経済成長を続けることへの反発が起こっている。それが現在のジャパン・バッシングや、貿易摩擦の原因になっている。諸外国は我が国にエコノミック・アニマルから、成熟社会の人間へ変わることを望んでいる。その意味で、生涯学習時代というのは、非常に国際的なうねりの中での要請になっている。日本は現在、これだけ生産性をもち、さらに従来の形でますます成長をつづけていくことになると、自然破壊も激しくなり、世界の富を吸い上げることになる。また、日本の競争原理を外国に持ち込むことによって、国際的な社会秩序を破壊してしまうことになる。日本が従来の成長型の教育あるいは生活のパターンを続けることによって、いつまでも国際摩擦がおさまらない。そこで日本の社会、経済の発展のためにも必要であるが、同時に国際社会全体が全体として成り立つようなポリシーが必要である。その中で生涯学習を考えなければならない。このように歴史的な、また社会のおかれている使命を考えながら、教育のあり方も考えて行かなければならないのである。

学校の自己完結性の打破

これからの成人にとっての生涯学習について述べると、先ほどからの学校中心の教育体系の一連として学校の自己完結性を打破することが大事であり、これは垂直の生涯学習の考え方である。自己完結性とはすべて学校時代に済ませてしまうという考え方である。それは、知識の吸収型であり、先進技術を模倣する教育であって、世の中の評価の基準は、学校でどれだけ詰め込んだかであり、学校時代に完成し、卒業の時点で人間を評価するそれが学歴主義であった。成長期というのは世の中の変化が非常に少なく、世の中は変化はするがそれは量的なものであり、質的な発展はあまりない。だから成長期には学校教育だけで対応できる。学歴主義が存在する条件とは、世の中の変化が基本的にないことである。ところが成熟した社会は、知識や技術の量が多くなるだけでなく、非常に多様化し変化してくる。そうなると学校時代だけで覚えきれるものではなく、若い頃の知識をいつまでも活用するのは不可能である。だから、どこの学校を出たかということなどを気にしていると世の中についていけなくなる。それだけではなく、詰め込み型の学歴主義の自己完結性というのは、学習態度に非常に大きく影響する。卒業までに詰め込まれ過ぎて、卒業の時期ではもうそれ以上勉強する気がなくなってしまう。その意味で学校は学習態度に大きな影響を与える。言い換えれば学校時代に何もかも完成してしまう学校の自己完結性というのは生涯学習の敵であり、学歴主義は教育に大きな問題を起こしている。知識の完結型の教育では学校、高校を卒業した時点で決まってしまうために大学入試のところで有利な学校へ入ろうと必死な競争が起こる。そのために受験準備競争が起こり、塾や予備校がはびこる。結局、青少年の教育問題が一種の閉塞状態になり、人格の健全な成長を疎外してしまう。そこに教育の荒廃が生じ、登校拒否や校内暴力が起こる。実はこのような学歴主義の弊害というものを断ち切らなければならないというのが、臨教審の大きな使命であった。また学歴社会はそれが持つ教育の荒廃を引き起こすような弊害そのものの問題だけでなく、長い人生で再挑戦する機会までも奪ってしまう。まさに生涯学習にとって最も重要な要因を阻んでしまう。結局いったん社会に出てから、再度学習して人間が評価される、そういうシステムにならなければならない。子どもの時はよい成績ではなかったとしても、大器晩成の者もいる。今の学歴主義の世の中では、大器晩成型の子どもは評価の上で冷遇される。それだけでなく、登校拒否や校内暴力を起こすような子どもが、成人してもう一度学校に行き直そうと思ったときに、閉鎖型の完結型の学校であれば、もう行くチャンスはなくなってしまう。そこに大きな問題がある。

ここでよく人生には四つの段階があるといわれる。C―子ども、E―教育、W―仕事、R―引退である。従来の教育、学校の自己完結型では、順序は変わらない。第二段階までで教育は終了してしまう。今のシステムでは再度の挑戦を思いついた時に教育が受けられない。そうではなく、教育はいろんな段階で縦につながっていく必要がある。生涯学習は、横に広がっていかなければならないといったが、これからは、従来の継続教育といわれている社会教育や、カルチャーセンター、さらに専門的な教育のリカレント教育、このようなところに学習の機会はどんどん広がっていく。そして、従来の教育とは異なり、水平に広がり、垂直にも広がる。画一的な偏差値も大事であるが、もしそれで評価されても、それは人格の一部分の評価にしか過ぎない。学校教育や生涯学習のいろんな部分でそれぞれうまく学習することによって、もし偏差値で計る画一的部分では弱かったとしても他の場所で補っていくことによって、スケールの大きな人格形成ができるのではないか。この教育の広がりが、これからの教育の大きな特徴となる。結局まとめると、学校時代に完成してしまう学歴主義、それが、社会の成長期の教育であり、世の中の変化が少なく青少年期の教育だけで対応していける。ところが高度成熟社会になり、知識や技術が多様化し変化し学校時代や若い頃の知識でいつまでも活用するわけにはいかない。ここに成人にとっての生涯学習が重要となってくる。

基礎基本の重要性

ただ、しかし、ここで重要なことは、これからの生涯学習というものは学校教育を否定しているのかというと決してそうではない。これからは学校教育というのは非常に重要である。よく生涯学習というと、もう学校教育は受けなくてもいいと誤解されるが、そうでなく学校教育とは、一生学習していく能力の基礎基本であり、自ら自分を教育する力をつけることである。学校は非常に重要な生涯学習機関である。今日の生涯学習社会の大きな特徴は、学校と社会教育が生涯学習の中で対立するのではなく、学校も社会教育も生涯学習の一つの機会であるととらえるべきである。だから、これからは生涯学習機関としての学校のあり方という捉え方をしていくことになる。その意味で、特に義務教育の間に基礎、基本の教育また国民共通の人間としての基本的な能力をきっちり教えることが重要である。臨教審で岡本道夫会長が「個性も大事だし、生涯学習も大事だけれども、しかし、ある時期に徹底的に教え込む、そういう態度が実は生涯学習ではますます必要になってくる」と強調した。生涯学習だからいつでもどこでも誰でも教育が受けられるというのなら、分数がわからない子どもが四年生になってから、あるいは六年生になってからやればよい。また、中学校でなぜ英語をやらなければならないのかという問題になるが、とにかく若くて頭の柔らかい間に、思春期の前に一度外国語に接する必要はあるのではないか。どんどん教え込むことがこれからますます必要になるだろうという認識もある。したがって従来の偏差値教育をすべて否定しているのではなく、それだけに偏ることを否定しているのである。偏差値教育は、生涯教育においても重要である。しかし重要ではあるが、それはあくまで部分的な機能として重要であるということである。従来はこの画一的な偏差値的教育の機能が全人格の全体として重要だと勘違いしていたが、生涯学習時代に学校教育の捉え方は学校というものはきわめて重要であるがそれは人格形成のなかの一部分の機能としてきわめて重要であるということになることである。決して学校教育あるいは詰め込み教育がいらないというわけではない。

ところで今までに述べたように世の中が余裕ができて変わってくるとそこで生きがいとしての生涯学習というものが出てくる。生きがいとしての生涯学習にはいろんな側面がある。成長社会を経て所得水準が向上する、そうなるとまず、消費支出が上がる。その中でも教養娯楽費や教育費が増える。所得が上がれば上がるほど文化的教育的なものを求めるようになるのである。もう一つは、生活の高度化がある。その側面は、一言でいえば豊かさである。それは人間としての豊かさを求めるということである。

私は生涯学習元年を昭和五四年（一九七九）であると考えている。なぜなら、それまではものの豊かさを求める傾向であったが、昭和五四年以降、心の豊かさを求めるようになってきた。今日は、その差が一五％以上開き、人間としての心の豊かさを求める方が圧倒的に多くなってきた。そうなるといかにして生活をエンジョイするかを考えるようになってくる。また、これは成長期の影響ともいえるが、生活が高度化するにしたがって学歴が上がる。不思議なことに、学歴が上がれば上がるほど、また、生涯学習の機会を求める。例えば、放送大学では三分の一がすでに少なくとも短大卒や大卒である。実は、学歴がなかった人よりもある人の万が、再度生涯学習の機会を求めているといえる。世の中がどんどん多様化しているということは、いいかえれば生活の側面が、非常に多くなってきているということである。例えば、カルチャーセンターなど、民間の教育産業などがどんどん増えてくる。それらも生涯学習の多くの場を提供している。カルチャーだけでなく、ファッションやデザインも楽しみながら学習するという生涯学習の場になっている。これからは、このように多様な場を提供していかねばならない。同時に高齢化現象が起こっている。生涯学習元年を昭和五四年（一九七九）であると述べたが、平成二年（一九九〇）もそうであると思われる。なぜなら小中学校の児童生徒数が一番多いときは昭和五二年（一九七七）で、一七二三万人であったが、それが一二二三万人まで減ってしまい、対して六十五歳以上の人口が九九二万人から平成三一年（二〇一九）には三一八八万人に増える。子どもが少ないというのは、成熟型社会の特徴であるが、日本の場合、今までは若者の多い社会であったが、いま急速に老人社会へ転換している。ちょうど平成二年（一九九〇）、小中学校の子どもより老人の数が多くなったのである。

まさに、高齢者を対象とした生涯学習元年が始まった。その三一八八万人にどういったサービスを提供していくかをいま考えなければならない。現在の社会教育・生涯学習で必ずしも十分対応し切れていないが、そこに大きな問題がある。対応し切れていないにもかかわらず、老人は次第に増えている。仕方なく、話相手のない老人は病院に出かけていく。このようなことを考えると、社会教育が上から計画的に教育するものではなく、老人に生きがいの場を与えるという考え方で対応することが大切である。ここで次第に社会教育という言葉でなく、それを含んだ生涯学習という言葉が生まれてきたのである。生涯学習という言葉の定義は一九六五年ユネスコのポール・ラングランが永久教育（パーマネント・エデュケーション）を提案した当時、日本だけでなくヨーロッパにおいても詰め込み型画一的な学校教育中心の考え方だったので、この提案のパーマネントという言葉が子どもから老人に至るまで詰め込み教育をするように受け取られ評判がよくなかった。そしてそのユネスコ総会ではパーマネントではなく、ライフロング・エデュケーションで示され、それが生涯教育として使われている。ところが、それに対してヨーロッパでも、エデュケーションという言葉を避け、ライフロング・ラーニング（生涯学習）になってきた。

生涯教育と生涯学習

わが国で生涯教育と生涯学習がどのように違うかを一番明確に示したのは、昭和五九年（一九八四）から始まった臨教審である。これは二つの意味で生涯学習と生涯教育が違うということを示した。教育というのは上から計画的に与えるものであるという性格のものに対して、例えばグルメ、ファッション、レジャーは、人間のあらゆる生活の場の中に、学習のチャンスがある。教育の機会だけが学習の機会ではない。結局、上から計画的に教えるのとそうでないという違いが一点。

もう一点、教育とは全く関係のない日常生活の中にまた生活の喜びの中に生涯学習の場がある。臨教審はそういう意味で、生涯学習を広く捉えていこうという問題意識をもって明確化した。まさに、いま、高齢社会から、長寿社会の中で高齢者に対してどういう対策をということを考えるより、長寿社会の中でどう人生をイメージしていくか、学習ばかりでなく楽しみの中にあるいは、社会参加の中に、そこに生涯学習の場がある。

成人にとっての生涯学習には、もう一つある。リカレント教育という考え方であり、それは繰り返すと言う意味である。成熟期の社会は成長期の社会のように量的には発展しないが、知識、技術、情報体系が絶えず発展し、再編成していくところに大きな特徴がある。そのような世の中では、教育研究施設と、企業あるいは家庭が相互に緊密な連携をとる必要があるという考えが発生してきた。この点、いろんな繰り返し教育、つまり学校をはやく卒業させ、いったん社会にでて、もう一度学校へかえってくるというようなしくみをとっていくことが期待される。

リカレント教育

一九六九年、第六回のヨーロッパ文部大臣会議でスウェーデンのパルメと言う文部大臣がリカレント教育を提唱した。そしてこのリカレントの呼び名のもとに、ＯＥＣＤが一九七〇年代に大きな関心事にしたのであるが、正規の教育政策とあらゆる種類の成人施策を統合するということである。リカレント教育の特徴は、全体として繰り返していくことである。従来の社会教育とリカレント教育がどの様に違うか日本では必ずしも明確にされていないが、とにかくいったん教育をやめ社会へでて、再度また教育を受ける。その後またリタイヤしてからも教育を受ける。そのようにいったん断絶した上でもう一度繰り返すところに非常に大きな意味がある。ポール・ラングランが提唱したライフロング・エデュケーションや、パーマネント・エデュケーションの考え方は、世の中がどんどん成長しあるいは発展している中で、教育をずっと続けていくという考え方である。そうでなく、そのまま続けていくのではなく、いったんほかの世界に入ってしまい、その後社会生活の後、また教育のチャンスがくるという分断されるところに、リカレント教育の特徴がある。だから、単なる継続教育では決してない。このようなリカレント教育が提案された趣旨が三つあるといえる。一つは世の中の知識、技術、情報体系がどんどん発展し再編成されるが、それに追いつかなければならないので学校教育は長くならざるを得ない。ところがそこでやっている学校教育は、先刻、擬制であり、フィクションであると述べたが、そういう偏った非社会的なところへ二〇歳を過ぎていつまでも入れておくというのは、モラトリアム人間、すなわち社会性のない人間をつくることになる。青少年期の社会参加を阻害する。それは、個人の発展にとっても有利なことではないし、人材発達を阻害するとともに、社会への貢献の機会を奪ってしまうことになる。だから早いうちに一度外の世界へ出す必要がある。ここのところにリカレント教育の特徴がある。

リカレント教育提案の趣旨の二番目は、今の世の中は急激に質的な社会変動している。絶えず新しい技術や知識への対応がいる。だから人間は、絶えずそれらを吸収しなければならない。そのため、再度教育するという場、あるいは教育を受け、また研究する場が必要となってくる。そういう場を設けていかなければならない。例えば医師の世界では、卒業後教育、すなわちいったん大学を卒業してから医局にはいることが多い。そういう意味では、卒業後研修即ちリカレント教育をやっているといえる。例えば脳外科は、脳外科の手術の方法が全く変わってきた、あるいはMRIとかスキャナーなどを使わなくてはならない。そんなときに、いつでも、だれでも入ってこられてはたまらない。どやどやと生涯学習でいろんな人が医局に入ってこられたら困る。決定的な人が決定的な講座に、決定的な時期に入ってくる。これがリカレント教育というものである。あるいは、原子力の技術者、電力会社の技術者が、その技術以外は何もわからない。例えば、環境問題についていえば、原子力の技術そのものは電力会社でやっているが、それが環境とどう因果関係にあるか、そういう事をリカレントとして大学の研究室に学習のために再度かえってくる。それがリカレント教育である。そういう意味では、生涯学習というのは、きわめて高度な技術的なものである。

また技術的なものや職業教育だけがそうかというと決してそうではない。最近、高等学校でも単位制高校という仕組があるがそこで国文学を勉強し直すことも考えられる。今までの日本の学校は、一七才ぐらいの生徒だけに、枕の草紙や源氏物語を満載していた。しかしそうではなく、結婚し、子供を育て、夫に先立たれたそういう経験のある人たちが、もう一度文学をやることによって、どれだけ感銘を受けるか、そこで初めて文学というものがわかる。文学の教育というのは、高校生の国語あるいは国文科だけで終了するのでなく、まさにリカレントして、生活経験をもった人が再度大学なり高等学校に入っていく。そこにリカレント教育の大きな意味がある。

さて、三番目に、労働経験、社会経験することによって、新たな学習動機が生まれる。それによって、大学、教育全体のレベルが上がる。そこのところにリカレント教育の非常に大きな特徴がある。従って、これからの社会教育は、高齢者の世話もしなければならないし、リカレント教育もやっていかなければならない。それが社教主事の仕事になってくる。決して社会教育だけが主事の仕事ではなく、生涯学習の視点も踏まえリカレント教育も主事の仕事の範囲である。自分たちがすべて教えこんでしまうのが社会教育ではなく、公民館で何もかもやってしまうのが社会教育ではない。公民館の仕事は、どこの大学で公開講座をやっているかとか、社会人入学はどのようにしたらよいかなどの方法や情報を知らせなければならない。これからは普通の入学試験だけではなく、リカレント教育をやっていく大学自体が大きな対応をしていかなければならない。偏差値だけの入学試験ではそれは成長型社会の大学であり、自己完結型、閉鎖型の大学であって、生涯学習時代の大学ではない。その意味では学校のあり方も変えていかなければならない。アメリカでは、社会人入学はすでに五〇%であり、イギリスでは、社会人、企業人が四〇%を占めている。日本の場合、放送大学や通信制や夜間の学校を合わせてやっと一〇%が社会人である。日本の場合、まだ学校自体が、学校中心の成長型社会の考え方であり、生涯学習型ではない。これから二一世紀をめざして大学もあり方を変えていかなくてはならない。

今日よく報道されているが、大学設置基準の弾力化とか、あるいは中央教育審議会が種々議論をしているが、いろいろな大学の多様化・弾力化が言われているわけである。生涯学習機関として大学をどう変えていかなければならないのかということが緊急の課題となっている。

ということになると、例えば法学部では相続税とか相続法について社会に出て勉強した人が大学にくる。そこでは先生は非常に緊張し、教師のほうも、従来の若い学生だけだと説明だけで終わるところが、社会人が入ってくると、例えば離婚や財産の相続などいろんな経験を持つ人間が増える。教師の方は、人工的な擬制やフィクションの世界しか経験していないのでうっかりしたことを言うと学生に馬鹿にされてしまう。このように社会人の学生がいることは、学生にとっての刺激だけでなく教師にとっても大きな刺激になる。つまり大学教育は独創的な教育に変わらなければならないが、これらも含め全体を通じて考えると、生涯学習体系への移行は、日本においては成長型から成熟型へのまさに転換点で起こっている。その場合子どもにとっての生涯学習は、どんどん横に広がっていき、学校とは別の、子どもの生きる場、生活の場が必要である。これが水平の生涯学習である。同時に、ライフロング・エデュケーション、あるいはリカレント教育など成人にとっての生涯学習の場、垂直の生涯学習の場が広がっていかなければならない。このようなことを背景にして、二一世紀社会を展望しつつ生涯学習振興法ができた。これは「生涯学習の振興のための施策の推進体制の整備に関する法律」という。この法律には三つの柱があり、その最初が第三条である。

〔第四節〕　二一世紀社会への展望

「都道府県の教育委員会は生涯学習の振興に資するため、おおむね次の各号に掲げる事業について、これらを相互に連携させつつ推進するために必要な体制の整備を図りつつ、これらを一体的かつ効果的に実施するよう努めるものとする」

生涯学習振興都道府県の事業

まずこれについて述べると、生涯学習のいろいろな都道府県の事業は、都道府県の教育委員会が行う。教育委員会がどのような事業を行うかというのは、一号から六号までに述べられている。

一号「学校教育、社会教育に係わる学習、及び文化活動の機会に関する情報を収集し、整備し、提供すること」

生涯学習には、学校教育も含まれるのだから、学校でどのような教育をしているかという情報をきちんと収集することは、生涯学習の仕事であり学校教育側だけの仕事ではない。学校教育の立場だけでなく同時に生涯学習の立場から学校教育がどういう生涯学習をやっているか、そういうところも含めて、単に社会教育だけでなく学校教育及び社会教育、そして文化活動そのいろんな機会の情報を収集して整備して提供する。このようなことを都道府県の事業としてやってみてはどうだろうか、というのがこの法律の大きな柱となっている。

二号「学習成果の評価に関する調査」

学歴だけが評価ではない、いろいろな生涯学習の活動の中で何か評価できることはないかについての調査をする。

三号「学習方法の開発」

どういうふうに学習するのが高齢者にとってよいか、若者の水平に広がる生涯学習にはどの様な方法があるか、あるいはリカレント教育をどのようにすすめていくか、そういう方法の開発を行う。その他、都道府県の教育委員会の事業について述べたということが第三条の特徴である。第三条の内容は、要するにソフトな事業を都道府県が行うということであり、それは学校や社会教育や文化活動の情報を都道府県が集めてくることである。これからはどういう生涯学習のチャンスがあるかそういう情報を集めてくることが基本である。後はそのための研修や評価あるいは学習の方法がある。いずれにしても、ソフトな事業をすることが第一番目の柱である。

地域基本構想

第二番目の柱は、第五条、地域生涯学習振興法基本構想である。

「都道府県は、当該都道府県内の特定の地区において、当該地区及びその周辺の相当程度広範囲の地域における、住民の生涯学習の振興に資するため、社会教育に係わる学習（体育に係わるものを含む）及び、文化活動その他の生涯学習に資する諸活動の多様な機会の総合的な提供を、民間事業者の能力を活用しつつ行うことに関する基本的な構想（以下「基本構想」という）を作成し、文部大臣及び通商産業大臣の承認を申請することができること」

ここでは、都道府県が生涯学習の基本構想をつくる、ということである。全ての都道府県ではなく、特定の地域と書いてあるが、それは相当広い地域――おそらく百万人程度のかたまりであろうと思われるが――で重点的に生涯学習の整備をしていく基本構想をつくることを一つの試みとしている。ここで大きな問題となるのは、文部大臣及び通産大臣の承認を申請することである。道府県で作成した構想を、文部大臣や通産大臣に提案して承認してもらう。文部省はわかるが、なぜ通産省の承認が必要であるかについては国会でも問題になったことである。これは先ほど述べたように、ライフロング・エデュケーションにおいて、たとえばフィットネス・クラブや一種の娯楽施設は、株式会社がやっているものであり、公営プールや公民館のように文部省が従来、公的なものと考えていたものとは全然違う。そういうものも含めた生きがいの場ということになると、単に公的な教育の機会だけではなく、通産省が認めているいろいろな消費、営業活動の一環として、しかもそれが広い意味での生涯学習の場を提供する、そういうものも含めて基本構想をつくる。そうすれば文部省だけの所轄だけでなく民間の株式会社の営業活動を含めたそういう基本構想になる。例えば、電鉄会社が博物館をつくる場合、これが公的な教育の場としての博物館なのか、あるいは遊園地のようなものなのか。中間的なものも最近増えているが、そのようなものも子どもや親にとって、一種の生活活動の場になり得る。ということは堅苦しい教育の場だけが生涯学習の場ではない。カルチャーセンターは、おもに、新聞社、デパート、その他の大体三つがやっている。カルチャーセンターというのは多くが株式会社である。従来であれば、株式会社で行う教育事業というのはありえないというのが文部省の考えであった。しかし、生涯学習の場として、カルチャーセンターというのは、それでひとつの流れとして十分なり得るわけである。そういうわけで、地域生涯学習基本構想というのは、文部省と通産省が一緒になって認可する仕組になっている。

生涯学習審議会

第三の柱は、生涯学習審議会である。これは第十条である。

①「文部省に生涯学習審議会（以下「審議会」という）をおく。

②「審議会は、この法律及び社会教育法（昭和二四年法律第二〇七号）の規程によりその権限に属させられた事項を調査審議するほか、文部大臣の諮問に応じ、次に掲げる事項を調査審議する。

一、学校教育、社会教育及び文化の振興に関し、生涯学習に資するための施策に関する重要事項

二、社会教育一般に関する事項及び学校教育における視聴覚教育メディアの利用に関する事項

従来は、文部省の中に、社会教育審議会というのがあり、その社会教育審議会のほかに生涯学習審議会という別の組織をつくりたかったが、国の組織の数は増やしてはならない決まりのため、両者を一体とした生涯学習審議会ができた。その中の二つの仕事は学校教育、社会教育及び文化の振興に関し、生涯学習に資するための施策を審議すること、社会教育一般に関する事項及び学校教育における視聴覚教育の審議。後の方は本来は社会教育審議会の仕事であった。この生涯学習審議会は、社会教

育も学校教育も文化の振興も含めて考えていくというものである。又この審議会については第一一条で、都道府県にも生涯学習審議会を設けることができると定めている。これは京都府が一番最初につくっている。京都府が今年になって、従来の社会教育委員会をそのまま残し、そのほかに生涯学習審議会を設置した。

ここでこの生涯学習振興法というのは、国が生涯学習審議会をつくり、あるいは都道府県が基本構想をつくり、文部大臣、通産大臣の承認を得るということで、国や都道府県レベルのものであり、具体的な住民の最も地域の先端でサービスをしている市町村の事を忘れていないかということが問題になる。ところが市町村となると、非常に多様であり、一律に法律で規定するわけにいかないということで第一二条で「市町村の協力体制」を定めた。「市町村（特別区を含む）は、生涯学習の振興に資するため、関係機関及び、関係団体との連携協力体制の整備に努めるものとする」

このように連携協力体制によって審議会をつくってもよいし、あるいはそのほかの協議会をつくってもよい。あるいは、委員会はつくらないけれどもその他の姿をとってもよいし、いろいろな形があると考えられる。この法律の性格にはいろいろ批判もあるが、しかし世の中全体がまさに生涯学習時代になってきているということであらゆる勢力を結集して、そのことによっていろんな意味の生きがいも含めあるいは、リカレントで教育の水準を高くする。そのことによってより独創的、創造的な人間を育成していく、そのような場がますます必要になっていく。それが二一世紀社会のこれからの発展のかぎになる。明治以降、学校教育中心として非常に体系的に日本は発展してきたが、実は二〇世紀社会の今日、教育のあり方も含めて生涯学習時代に大きく転換していかなければならない。そういう未来社会を展望した時代的要請の中に社会教育主事の仕事の場が広がっているのではないだろうかという趣旨のことを申しあげ、今日のお話を終りにしたい。

※大阪大学で開かれた社会主事講習会の特別講義(一九九一年六月)より

著者略歴

齋藤　諦淳（さいとう　たいじゅん）

昭和八年一月一三日生
大阪大学大学院法学研究科修士課程修了
平成二年法学博士（大阪大学）

昭和三二年　文部省入省
昭和五五年　大阪大学大学院法学研究科講師（非常勤）（昭和五八年まで）
昭和五七年　文部省大学局審議官
昭和五九年　総理府臨時教育審議会事務局次長
昭和六二年　文部省社会教育局長
昭和六三年　文部省生涯学習局長
平成元年　放送大学学園理事
平成二年　龍谷大学客員教授（平成八年まで）
平成六年　常葉学園大学学長
平成一四年　武蔵野女子大学学長
平成一六年　武蔵野大学学長（平成二〇年三月退職）

教育改革の展開

現在　財団法人ベルマーク教育助成財団理事長
財団法人衛星通信教育振興協会理事長

著書　『開かれた大学』（ぎょうせい）、『文教行政にみる政策形成過程の研究』（ぎょうせい）、『文教予算の編成』（ぎょうせい）など

教育《きょういく》改革《かいかく》の展開《てんかい》

発行日――――――2008年3月1日　初版第1刷

著者――――――齋藤諦淳

発行――――――武蔵野大学出版会

〒202-8585 東京都西東京市新町1-1-20
武蔵野大学構内
Tel. 042-468-3003 Fax. 042-468-3004

印刷――――――株式会社 真興社

装丁・組版――――田中眞一

2008 Printed in Japan
ISBN 978-4-903281-08-7

武蔵野大学出版会ホームページ
http://www.musashino-u.ac.jp/shuppan/